AF258731

RECVEIL

DE DIVERS

PLAIDOYERS

ET

HARANGVES,

Prononcez au Parlement par
Me Antoine le Maistre.

Dedié à Monseigneur le Garde
des Sceaux.

A PARIS,

Chez MICHEL BOBIN, au troisiesme Pilier de la grande Salle
du Palais, à l'Esperance.

M. DC. LII.

Auec Priuilege du Roy.

A
MONSEIGNEVR
MOLÉ,
CHEVALIER,

Premier Président au Parlement, & Garde des Sceaux de France.

ONSEIGNEVR,

Quoy que l'esclat de vos charges & la grandeur de vos employs, éblouyssent les yeux de tout le monde, il n'y a neant-

EPISTRE.

moins que l'enuie, qui est aueu-
gle pour la vertu, qui en puisse
murmurer ; car si ceux qui vous
ont precedé dans ces dignitez
éminentes, les ont eu de la grace du Roy, on peut dire de vous
qu'il les a donné à vostre propre merite, de crainte qu'il ne
les surpassast en grandeur, puisque toute autre recompense eut
esté moindre que celle que vous
meritez. D'ailleurs, la necessité de l'Estat ne pouuoit souffrir qu'vn autre que vous rem-
plit ces premieres dignitez ; car
où auroit-on pû emprunter tous
les iours des cõseils si salutaires,
& trouuer des vertus si recommandables pour la conduice de

EPISTRE.

la France, si l'on ne se fut seruy de vostre ministere : Aussi
vous auez bien-tost fait paroistre dans vn employ si releué,
que le choix qu'on auoit fait de
vous, estoit l'ouurage d'vn par-
fait jugement, puisque vous
auez fait voir qu'il n'y auoit
personne qui eut plus de volonté de seruir le Roy, plus de suffisance pour la conduite de l'E-
stat, & plus d'adresse pour tenir les Peuples dans le repos:
car qui ne sçait que lors que le
Roy quitta Paris pour porter
ailleurs les rayons de son authorité, comme vn Soleil qui
abandonne vne Hemisphere
pour en esclairer l'autre, cette

ã iij

EPISTRE.

Ville n'eut esté de glace pour
son seruice, si l'amour que vous
auiez pour luy ne l'eut animé;
elle s'ébranloit desia par le mouuement de la France, sans l'ad-
dresse de vostre conduite, qui
l'arresta & la tint ferme malgré son agitation desreglée: Et
en effet, le Roy qui reconnut
cette ardante passion que vous
auiez pour son seruice, &
vostre suffisance dans la Politique, ne vous eut pas plustost
appellé à luy, vous faisant
quitter la conduite d'vne Ville pour vous confier celle du
Royaume, qu'agité de deux
vents contraires, elle fut toûjours depuis en danger de faire

EPISTRE.

naufrage, comme vn vaisseau
destitué de la conduite de son
Pilote. Donc, puisque toutes
ces belles lumieres de vostre Esprit, & ces excellentes habitudes de vostre volonté sont em-
ployées dignement au seruice
du Roy & au repos de son
Royaume, & qu'elles rendent
par vne fauorable Amnistie,
qui est l'ouurage de vos conseils, la tranquillité à nos esprits, la liberté au commerce,
& la vigueur aux Arts; i'estime, MONSEIGNEVR,
qu'il est iuste de vous presenter ce Liure, qui en est vn des
premiers fruicts, comme autrefois on offroit à Dieu les

premices de ce que la nature
nous produisoit par son ordre.
C'est, MONSEIGNEVR, la
plus puissante consideration qui
m'engage à ce devoir. D'ailleurs, à qui aurois-ie pû presenter les Ouurages du plus
excellent des Orateurs François , qu'au plus grand des
Politiques , à qui ie croy deuoir ce respect, plustost par la
consideration du merite , que
par la qualité,

MONSEIGNEVR,

De Vostre Grandeur,

Le tres-humble, tres-obeys-
sant & tres-fidel seruiteur,
MICHEL BOBIN.

RECVEIL
DE DIVERS
PLAIDOYERS
ET HARANGVES,
de Monfieur le Maiftre.

Premier Plaidoyer prononcé
au Parlement.

**M**ESSIEVRS,

Cette fource feconde
d'amour, que Dieu & la nature
ont mis dans le cœur des peres

A

& meres, leur faifant tous les iours produire tant d'actions merueilleufes en faueur de leurs enfans ; j'aduoüe qu'il eft tres-difficile de n'eftre point touché d'admiration & d'eftonnement tout enfemble, voyant en cette caufe cette fource tarie ; La nature defaillante & la raifon ; ce grand flambeau de l'ame, deue-nuë captiue de deux paffions fi fortes & fi defreglées, qu'elles ont porté l'appellante à defad-uoüer fa fille ; & vous font aujourd'huy voir vne mere qui ne fe defpoüille pas feulement de l'affection de mere, mais qui veut encore en reietter le nom; qui s'efforce a defrober à fon enfant la naiffance qu'elle luy a donnée, qui tafche de luy rauir ce que Dieu mefme ne luy peut ofter, qui l'expofe non point dans l'obscurité de la nuict, mais à la veuë du Soleil, deuant le thrône le plus esclatant de la Iustice Royale, & qui s'est tellement confirmée dans le dessein de cette action que son sang demeure muet, ses entrailles ne sont point émeuës, son cœur est insensible à la pitié, & son visage n'a plus de honte. Que si, MESSIEVRS, il y eut iamais cause digne de l'Audiance de la Cour, & de la splendeur de ce premier Parlement du premier Royaume de l'Europe, celle-cy à bon droict se peut dire telle, puis que c'est vn tableau tout extraordinaire de la jalousie d'vn mary, de l'infortune d'vne femme, de la cruauté d'vne mere, de l'oppression d'vne fille; qu'on y voit la vertu suspecte, l'innocence abandonnée, la nature vaincuë , l'heritiere traitée en feruante , & la verité perçant tous ces nuages ; venir aujour-d'huy acheuer fa victoire , & apres auoir furmonté les artifices des hommes, & la multitude des années , triompher maintenant de l'inhumanité de l'appellante , par l'oracle de voftre Iuftice , qui rend la mere à fa fille auec l'applaudiſſement de tout le monde , comme autrefois le plus fage des Princes rendit l'enfant à fa mere, auec l'eftonnement des peuples. M E s-s i e v r s , en l'année 1626. en la ville de Bar-fur-Seine , fut contracté mariage entre deffunct Maiftre Ioachin Cognot Docteur en Medecine , & Marie Naffier qui eft l'appellante, pere & mere de ma partie: De ce mariage fortirent plufieurs enfans,

& entr'autres Claude Cognot, qui demeura fils vnique. En l'an 1637. Meſſire Ioachin Cognot laiſſa l'appellante & ſon fils à Bar-ſur-Seine, & vint demeurer en Poictou à Fõtenay le Comte; En la meſme année au mois de Fevrier, elle y accoucha de cette fille, que vous voyez à vos pieds, qu'on peut dire veritablement le fruict le plus infortuné de ce mariage, bien que la mort ayt emporté tous les autres, puis qu'elle n'a eſprouuée que la rigueur de ſes parens depuis qu'elle eſt au monde; Que ſon pere a eſté pour elle vn Ciel d'airain, & ſa mere vne terre de fer; Que cettuy-là l'a abandonnée, que celle cy l'a deſaduoüée, & deſa mere eſt deuenuë l'appellante.

Voicy, MESSIEVRS, *l'ori-gine de son mal-heur.*

Deffunct Maiſtre Ioachin Co-gnot, qui lors à l'âge de ſoixante ans, auoit vne femme de vingt-neuf, fut tellement agité de ces vaines inquietudes , qui font imaginer des tâches dans les plus pures lumieres , qu'il ſe figura que le ſejour que l'appellante fit à Bar-ſur-Seine de neuf mois, auant que d'accoucher à Fonte-nay, auoit produit vn effect dont il deuoit eſtre, & a eſté la ſeule cauſe. C'eſt , MESSIEVRS, l'ame de cette affaire , c'eſt le flambeau qui eſclaircit toutes les ombres, & la raiſon qui fait ceſ-ſer tous les doutes , laquelle neantmoins ma partie diſſimule-roit volontiers, ſi elle ſe trouuoit

meſlée auec quelque faute de
l'appellante ; car elle choiſiroit
pluſtoſt de paſſer pour vn ruiſ-
ſeau, duquel l'origine ſeroit inconnuë, que de troubler la ſource dont elle eſt ſortie; Et comme
l'Eſcriture dit, parlant du Iugement de Salomon, que la veritable mere ayma mieux abandonner ſon enfant à celle qui ne l'e-
ſtoit pas, & le perdre en effect
pour elle, que de luy voir perdre
la vie : Ainſi ma partie, qui eſt la
veritable fille de l'appellante, ay-
meroit mieux n'eſtre point reconnuë & perdre ſa mere aux
yeux des hommes , que de luy
faire perdre l'honneur. Mais il
n'eſt MESSIEVRS, nullement
engagé en cette rencontre, car
eſt-ce l'accuſer d'auoir violé les
aſſeurances qu'elle luy en auoit
données : Vn mary ne peut-il

eſtre jaloux, ſans que ſa femme ſoit infidelle, donnera-on le nom de vertu à la plus iniuſte des paſſions, rendra-on tant de beautez criminelles ſur des ſoupçons ſi iniurieux, & la chaſteté ne ſe trouuera-elle point auec la jeuneſſe d'vne femme, parce qu'vn vieux mary qui la poſſede ne ſe trouue guere ſans jalouſie? Veut-on prendre ſes plaintes pour des oracles, ſes ſonges pour des veritez, ſes chimeres pour des corps: Veut-on conſacrer toutes ſes défiances, iuſtifier toutes ſes fantaiſies, approuuer tous ſes déreglemens: Donnera-on le nom de bon genie à ce demon qui trouble la ſerenité du mariage, qui agite le mary, qui perſecute la femme, qui veut deſtruire la naiſſance des enfans, & prendra-on pour vn Aſtre du

Ciel, cette funeſte Comete de
l'air ſi feconde en maux & en deſordres, & enfin veut-on deffendre tant de jaloux coupables
contre tant d'innocentes mal-
heureuſes. Qu'on n'accuſe donc
point ma partie, de ce qu'eſtant
obligée de faire à la Cour vne
déduction veritable de ſes mal-
heurs, elle eſt contrainte de parler de la jalouſie de ſon pere, qui
en eſt la premiere circonſtance,
puis qu'elle le fait en le blaſmant
de legereté & d'iniuſtice, & en
déplorant la mauuaiſe fortune
de ſa mere, puis qu'elle ne dit en
public, que ce que les parens de
l'appellante ne font point de
difficulté de reconnoiſtre publiquement. Deffunt Maiſtre Ioachin Cognot, MESSIEVRS,
conſerua de telle ſorte cette
mal-heureuſe fantaiſie, qu'en-

core que ma partie fuſt née de
ſon mariage, & appellée Marie
Cognot dans ſon Extraict Baptiſtaire , il reſolut neantmoins de
la traiter comme ſi elle n'eut pas
eſté ſa fille ; & pour cét effect,
ayāt pris deſſein en l'année 1636.
de quitter le ſejour de Fontenay
pour venir demeurer à Paris , il
amena ſeulement auec luy l'appellante & Claude Cognot ſon
fils , & laiſſa ma partie ſa fille à
Fontenay. Neuf mois apres qu'il
fut arriué icy, il l'enuoya querir
par vn homme qui la porta dans
vne hotte, parce qu'elle n'auoit
que trois ans, & il ne fut pas pluſtoſt arriué , qu'il le conduiſiſt
luy-meſme au Faux-bourg ſaint
Marcel, & donna ſa fille à nourrir à Françoiſe Fremont, qui eſt
encore viuante , & de laquelle il
n'y a que la calomnie qui puiſſe

parler deſaduantageuſement ; ſa
ſimplicité & ſa vertu eſtant connuë de tous ceux qui la connoiſſent, & qui a eu ſoin de ma partie quatorze ans entiers, ſans receuoir aucunes nouuelles de ſon
pere. Il ſe voit, MESSIEVRS,
tous les iours des exemples de
ceux qui alterent la Monnoye, &
qui falſifient l'image du Prince;
Mais voicy vn pere qui veut alterer la nature & falſifier ſon
image, qui veut que ſon enfant
ne ſoit point reconnu pour ſon
enfant ; voicy vn homme qui ſa-
crifie à ſa paſſion la vertu de ſa
femme & la perſonne de ſa fille,
qui ſur de fauſſes apparences, ſe
figurant celle-là coupable, jette
dans de veritables mal-heurs,
celle-cy qui eſt innocente, &
commet en meſme temps deux
eſpeces de parricides, car par ſon

injuſtice , il reſpand le ſang de
l'honneur de ſa femme ; & par ſa
cruauté, il arrache la vie à ſa fille,
en luy refuſant ce qui la conſerue ; Mais comme le deſregle-
ment de ſa fantaiſie n'a pas corrompu la fidelité de l'appellante,
ainſi ſon inhumanité n'a pas alte-
ré la condition de ma partie : Il
n'a pas rendu ny ſa femme moins
ſage, ny ſa fille moins legitime,
il n'a pû changer ny la vertu ny
la nature. Ayant donc, MES-
SIEVRS, laiſſé ma partie ſa fille
chez ſa nourrice, l'appellante ſa
femme y alla quelque tẽps apres,
auec reſolution de ne point deſ-
couurir qu'elle eſtoit la mere ;
Mais il pretend qu'il eſt iuſtifié
par les informations, que cette
femme luy ayant demandé ſi
l'intimée n'eſtoit point ſa fille,
elle luy reſpondit que non , &

qu’en mesme temps les larmes
luy tomberent des yeux.

O. nimium potens.

*Quanto parentes sanguinis
vniclo tenes.*

*Natura, quàm te colimus
inuiti quoque.*

Merueilleuse puissance de la
nature, de combattre auec tant
de violence, les resolutions de
l’esprit, qui la tiennent comme
captiue, que ne les pouuant
changer, elle agit si puissamment sur nous, qu’elle se fait iour
au trauers de tous les replis de
nostre ame, & fait voir à mesme
heure, & dans vn mesme sujet,
deux actions toutes contraires,
car en mesme temps, M E S-
S I E V R S, que l’appellante res-

pond qu'elle n'eſt pas mere de
ma partie , ſes larmes diſent
qu'elle l'eſt, ſa volonté le nie par
ſa langue, & ſon cœur l'aduouë
par ſes yeux, cette partie ſi ten-
dre qui eſt le principe de l'affection , auſſi bien que de la vie,
eſtant bleſſée par autant de trais
qu'il y auoit de mots dans le diſcours de cette femme, pouſſe des
larmes côme le ſang de ſa playe,
& reſpond par ce langage viſi-
ble, & par ce ſilence ſi éloquent,
qu'elle eſt la veritable mere.
Ainſi Ioſeph , dans l'Hiſtoire
Saincte, au milieu des menaces
dont il eſtonnoit ſes freres, commence à pleurer veritablemeut,
& ſes entrailles ne pûrent deſaduoüer ce que ſa bouche ne vouloit pas reconnoiſtre. Ne pou-
uons-nous pas dire de l'appellante ce que dit le Rheteur en vn

pareil sujet qui voudroit l'ab-
soudre apres ses larmes, ou pleurer sa condemnation, *quis te oro
poterit aut liberare flentem aut flere
damnatam.* Mais il n'y a point de
parole capable de luy faire produire ce mesme effect , puisque
son cœur qui estoit lors de chair,
est depuis deuenu de pierre ; que
sa faute a passée en habitude , &
comme dit Tertulien, *La corruption de la nature est deuenuë en
elle vne seconde nature.* Ainsi ,
MESSIEVS , Maistre Ioachin
Cognot laisse entre les mains de
cette nourrice sa petite fille, laquelle certes pouuoit dire veritablement, ce que dit ce grand
Roy , & tout ensemble grand
Prophete , dans le Psalme 26.
Mon pere & ma mere m'ont
abandonné , mais le Seigneur
m'a pris en sa garde : car ses yeux

ont touſiours regardé ſes voyes;
ſa lampe a touſiours luit deſſus ſa
teſte, elle a marché dans les tenebres à la faueur de ſes lumieres, & il ſemble qu'en meſme
temps que cét Aſtre de l'affection naturelle a ceſſé d'eſclai-
rer: Ce Soleil de la Prouidence
Diuine a commencé à ſe leuer
ſur elle, que ſes rayons qui ſont
comme les mains de Dieu, l'ont
conduit au trauers de cette pro-
fonde obſcurité dans la maiſon
de ſon pere & de ſa mere: Et
enfin, MESSIEVRS, que le
Ciel a autant trauaillé pour la
conſeruer, que la terre auoit fait
pour la perdre; car au bout de
quatorze ans entiers que cette
nourrice ne penſoit à rien moins
qu'à la rendre à celuy qui la luy
auoit dõnée, Dieu permit qu'elle la mit chez vn nommé Noblin,
Maiſtre

Maiſtre Eſcriuain, qui par hazard ſe trouua demeurer deuant
le logis de ſon pere & de ſa mere
au Faux-bourg Sainct Germain,
& qu'eſtant venu voir ma partie,
elle apperceut Maiſtre Ioachin
Cognot qui ſortoit de chez luy,
& le reconnut auſſi-toſt: Ce fuſt-
là, MESSIEVRS, comme vne
Eſtoille fauorable qui parut dãs
cette longue nuit, & ſeruit de
guide à cette femme pour deſ-
couurir ce miſtere d'iniquité, car
l'ayant menacé de le pourſuiure
en Iuſtice, il prit ma partie chez
luy, & paſſa auec cette femme vn
contract de tranſaction, par lequel il luy baille quatre cens liures, pour la nourriture de ſa
fille. Contract dans lequel la verité s'eſt conſeruée, tandis que
le menſonge dominoit, ainſi que
la chaleur ſe conſerue dans les

lieux foufterrains durant l'Hyuer, & que Dieu a referué pour
eftre l'Oracle veritable, auquel
on peut auoir recours, cét oracle
naturel, cette mere opiniaftre ne
voulant refpondre que des menfonges : car apres l'auoir leu, on
ne peut plus douter que Maiftre
Ioachin Cognot n'ayt donné ma
partie à nourrir à Françoife Fre-
mon, puis qu'il luy paye cette
fomme, & que la tranfaction
porte que cette femme l'a nourrie en cette confideration, qu'elle le prend à partie ne reconnoif-
fant autre que luy, & luy en demande defcharge: Ce qui iuftifie
que ce qu'il a dit eft faux & im-
pertinent, de dire que c'eft par
charité qu'il paye ces quatre
cens liures ; car à qui feroit-il
cette charité, ce ne peut eftre
à cette Françoife Fremont qui

tranfigeoit auec luy; ce ne peut
eſtre auſſi à ſa fille, puiſque ce ne
fuſt pas elle qui receut l'argent:
Dauantage, MESSIEVRS, on
ne s'incommode point pour faire vne charité, & il ſtipule vn an
de terme pour payer les trois
cens liures reſtans; & puis il adjouſte, que c'eſt pour éuiter le
procez que cette fême luy vouloit faire; c'eſt donc pour s'acquitter d'vne debte, & non pas
pour exercer vne charité: Mais
pour éuiter quel procez, on ne
luy en pouuoit faire; à cauſe des
alimens qu'on auoit donné à ſa
fille; cette Françoiſe Fremont
n'auoit point d'action pour cela?
Quel mouuement l'a donc porté
à payer ces quatre cens liures,
celuy-là meſme qui la porté à retirer ſa fille chez luy; le mouuement de la crainte, MESSIEVRS,

il se reconnoissoit coupable d'vn
crime capital de l'exposition de
sa fille, il s'efforçoit de le couurir,
il fuyoit deuant la face du glaiue
vangeur des iniquitez, il cher-
choit les tenebres, afin que la
Iustice ne le vit; Il sçauoit que si
le Soleil descouuroit sa faute, il
esclairciroit son supplice; il en
redoutoit l'Aurore comme l'ombre de la mort: C'est pourquoy,
MESSIEVRS, il n'attendit pas
que l'année qu'il auoit stipulée
par son contract fut accomplie;
il paya cette somme par aduan-
ce, afin qu'elle ne fust point obligée de le venir voir, & qu'elle ne
descouurit rien dauantage de ce
qu'il cachoit auec tant de soin:
Ce mesme motif le porta à retirer sa fille chez luy, de peur
qu'estant ailleurs on ne la pous-
sast à rechercher plus particulie-

rement ſi celuy qui l'auoit abandonnée n'eſtoit point ſon pere, &
en cette rencontre ſa conſcience
luy donnoit bien plus de peine,
que ſa jalouſie ne luy cauſoit de
douleur; Il ſouffroit plus volontiers d'auoir deuant ſes yeux vn
objet qui luy eſtoit funeſte , que
de ſe mettre au hazard de n'en
auoir plus, ny de funeſte, ny d'a-
greable; Il aymoit mieux que ſes
iours fuſſent moins beaux , &
qu'ils fuſſent plus longs, il pre-
feroit vne vie moins heureuſe à
vne fin qui pouuoit eſtre tragique; & cette meſme conſidera-
tion faiſoit teſmoigner de l'affection à ma partie, afin de la re-
tenir chez luy, de la nourrir dans
ſon erreur, & d'eſtouffer dans ſon
eſprit par les marques d'vne fauſſe bien-veillance. ▪▪▪▪▪ la penſée
de ſa veritable cruauté & de ſon

extréme injuſtice. De ſorte,
MESSIEVRS, qu'il ne luy
manquoit que le ſurnom de Cognot, au lieu duquel il luy ſup-
poſa celuy de Croiſſant, & pour
pere & mere, car ſans cela ce
nom eſtoit inutil, vn Nicolas
Croiſſant, & vne Ieanne Aubry
perſonnes qui ne furent iamais
qu'en idée, & que l'appellante
meſmes aduouë dans ſon interrogatoire, n'auoir iamais veus,
ny connus, outre que la tranſaction dont i'ay parlé iuſtifie clairement la fauſſeté de ce ſurnom,
parce que, MESSIEVRS, ſi
elle ſe fuſt appellée Croiſſant &
euſt eſté fille de ces deux perſonnes imaginaires, deffunct Maiſtre Ioachin Cognot, duquel
l'appellante dans ſon interrogatoire dit l'auoir appris, l'euſt ex-
primé dans ſa tranſaction, où il

ne l'appelle que Marie fans fur-
nom, ne luy voulant pas donner
celuy de Cognot, & n'ayant pas
encore lors inuenté celuy de
Croiffant. Ma partie, MES-
SIEVRS, a vefcu de cette forte
chez fon pere & fa mere iufques
en 1643. qu'arriua le deceds de
Maiftre Ioachin Cognot, qui
deux mois auparauant fit vn teftament qu'on m'objecte, par lequel il appelle l'intimée fa feruante, ne la voulant pas appeller
fa fille, & ne luy laiffe que fix
cens liures, au lieu de tout fon
bien, qui luy eftoit acquis, qu'il
ne pouuoit luy ofter. Car pour
refpondre à ce teftament, vous
voyez, MESSIEVRS, que le
mefme motif qui a porté Maiftre
Ioachin Cognot à abandonner
fa fille, la porté auffi à la desheriter, qu'il la regarde auec les

yeux d'vn mary jaloux & non pas auec ceux d'vn pere ; & qu'il luy a refusé son bien, parce qu'il croyoit (quoy que faussement) ne luy auoir pas donné la vie, Qu'on ne parle donc point de l'affection des peres mourans, puisque celuy-cy a crû iusques à la mort qu'il ne l'estoit pas , il faut croire qu'on est pere pour estre capable d'en auoir les senti-mens ; ainsi il n'a pas esté desnaturé enuers sa fille , parce que son imagination ruinoit en luy le fondement de la nature, mais il a esté iniuste vers sa femme iusques à la fin de ses iours, & ne sçauõs-nous pas qu'il n'y a point de sage si constant dans leurs opinions, que le sont les jaloux dans leurs fantaisies, & que tou-te la Medecine ensemble ne sçauroit guerir vn malade de

cette fascheuse maladie. Sa volonté n'a doncques pas esté cor-
rompuë , mais son imagination,
& il a crû ne rien faire contre sa
conscience lors qu'il a violé cette maxime , qui veut que l'estat
des enfans ne dépende pas de la
fantaisie de leurs peres : C'est ce
que les Loix decident en termes
exprez , comme dans vn pere,
lequel ayant desherité son fils, le
Iurisconsulte dit que l'exhere-
dation est nulle , si l'on prouue
qu'il est son fils. Et comment ma
partie eust-elle mieux prouué
qu'elle est fille de Maistre Ioachin Cognot , que par son Extraict Baptistaire , dans lequel
elle est appellée Marie Cognot,
& ainsi baptisée sous le nom de
ses pere & mere : La qualité de
seruante qu'il luy a donné par
son testament peut-elle luy oster

celle de fille, que la naiſſance & les loix luy ont acquiſe; Les enfans ne naiſſent pas ſeulement aux parens, mais à la republique; & comme les perſonnes ſont plus nobles que leurs biens, ils reçoiuent ceux-cy de leurs peres, mais leur eſtat appartient au public : C'eſt pourquoy les Romains, qui ont permis aux peres de les desheriter, ne leur ont pas permis de les reietter comme eſtrangers; Ils pouuoient renoncer à la bonté, mais non pas à la qualité de pere, ils pouuoient leur oſter la vie, mais non pas le droict de leur naiſſance; & parce que le pere eſt incertain dans l'ordre de la nature, & qu'en ce ſens le Iuriſconſulte a dit qu'il n'eſt pas en la puiſſance d'vn fils de prouuer quel eſt ſon pere, les loix ne s'arreſtent qu'à

ce qui en paroiſt, & laiſſent les
ſecrets inuiſibles de la nature à
Dieu qui en eſt l'Authèur, elle
ne conſidere que la naiſſance
dont il y a touſiours quelques
teſmoins, & non pas la concep-
tion dont il eſt impoſſible d'en
auoir, elles preſument pour l'innocence, elles iugent fauorablement les choſes ſecretes par celles qui ſont connuës, ſuiuant la
maxime de Tertulien, & decla-
rent legitime tout ce qui naiſt
ſous le ſceau du mariage, tout ce
qui a ſur le front cette marque ſi
venerable, tout ce qui entre
dans le monde par cette porte
d'honneur, de benedictions &
de graces, elle rend libre de ſe
marier, & laiſſer de ſa poſterité
au public, mais non pas de deſaduoüer apres, & deux perſonnes eſtant vnies enſemble par les

chaiſnes inuiolables de ce contract ſpirituel & politique; ce ne
ſont plus elles, mais les loix, qui
font la genealogie de leurs enfans. C'eſt pourquoy les peres
ſont obligez de receuoir pour
tels, ceux que le mariage leur
preſente, & c'eſt vne commu-
nauté à laquelle ils ne peuuent
pas renoncer : Qu'on n'oppoſe
donc plus à ma partie le teſta-
ment de ſon pere, puiſque ſon
Extraict Baptiſtaire la declare
fille, & que le mariage auſſi bien
que la vertu de ſa mere, la rendent entieremẽt legitime. Apres
la mort de Maiſtre Ioachin Cognot, MESSIEVRS, l'appel-
lante luy continua le meſme teſmoignage d'affection, elle luy
donne quinze cens liures en mariage, elle la qualifie ſa filleule
dans le contract que ie tiens en

main, mais Dieu qui déuoile les
mysteres, voulut que l'appellante mesme aduoüast à ma partie qu'elle estoit sa fille, & voicy,
MESSIEVRS, comme la chose
se passa, vnique source de ce procez. Ma partie feüilletant auec
sa mere, les papiers de Maistre
Ioachin Cognot, trouue vne
Lettre escrite de la main de l'appellante, addressante à deffunt
son mary, & dattée de Bar-sur-
Seine, du mois de May de l'année 1633. deux ans apres la naissance de ma partie, par laquelle
apres luy auoir parlé de quelque
affaire, elle luy mandoit, *ie vous
recommande vos enfans, ayez bien
soin de vostre petite Marie, voyez-
là souuent, ie luy faits des mou-
choirs & des tabliers*: Ayant leu
cette Lettre, elle la voulut mettre dans sa poche; mais de mal-

heur pour elle, l'appellante l'ayant apperceu, & la pressant d'autant plus de la luy donner, qu'elle en faisoit de difficulté, alors ma partie luy dit qu'elle luy auoit celé iusques-là qu'elle auoit vne fille nommée Marie, pource que c'estoit elle qui l'estoit, & qu'elle n'en doutoit plus apres cette Lettre, sçachant que deffunt Maistre Ioachin Cognot l'auoit donnée à nourrir à Françoise Fremont en 1634. qu'elle ne fist point difficulté de luy aduoüer, & qu'elle n'en parleroit iamais : Lors l'appellante, soit par vn effect de la nature ou de sa conscience, luy reconnut qu'elle estoit veritablemēt sa fille, luy descouurit la cause de ses mal-heurs, luy arracha en suite cette Lettre, & luy dit, qu'ayant esté si long-temps sans la recon-

noiſtre pour ſa fille , elle eſtoit
obligée pour ſon honneur de la
deſaduoüer , & adjouſta qu'vn
Religieux auquel elle auoit fait
vne Confeſſion generale au
grand Iubilé, luy auoit dit qu'elle le pouuoit faire ; que neantmoins elle eſtoit obligée en conſcience de l'aſſiſter comme ſa
fille , & de luy laiſſer ſon bien
en mourant. Ce qui s'accorde,
Messievrs, auec l'article de
ſon interrogatoire , où elle dit,
qu'elle luy auoit touſiours promis de la recompenſer à la mort,
& qu'elle luy reſerue ſa bonne
volonté : mais cette pauure fille,
Messievrs, voyant ſa mere re-
mariée, & ſon affection paſſer
aux enfans de ſon ſecond mary,
elle la coniura pluſieurs fois de
reconnoiſtre en publique ce
qu'elle luy auoit dit en particu-

lier, & de ne luy refuser pas d'a-
uantage la qualité de fille qu'elle luy auoit donnée; elle se mit
en tous les deuoirs jmaginables,
elle s'efforça d'amolir sa dureté
par ses prieres & par ses larmes,
mais enfin elle fut obligée de
demander à la Iustice ce qu'elle n'auoit peu obtenir de sa mere, & de chercher les moyens de
vaincre celle qu'elle n'auoit peu
gaigner : son procedé pouuoit-
il estre plus respectueux, l'appellante estant si injuste ; doit on
trouuer mauuais si ayant veu
toutes ses soûmissions jnutiles, &
s'agissant de son estat & de celuy
de ses enfans, elle na pas preferé le silence qui trahiroit l'vn &
l'autre, & la voix du sang, qui
parle par sa bouche, & quide-
mande Iustice au Ciel & à la
Terre? Doit on trouuer mauuais

nais si vn effet a voulu estre re-
conneu de sa cause, vne partie
de son tout, vn ouurage de son
Autheur. Si vn rayon n'a peu
endurer d'estre separé de son Soleil, si vn ruisseau n'a peu souffrir d'estre retranché de sa source, voulez vous qu'elle perde
son pere, sa mere & son bien,
qu'estant née de parens honnestes & accommodez, sa naissance soit incertaine, & sa fortune
tousiours mal-heureuse, qu'on
doute de son extraction, & qu'on
ne doute point de sa misere. Que
si on demande quel mouuement
a porté l'apellante à desaduoüer
sa fille, si on desire sçauoir la
raison de sa faute, & la raison
d'vne chose qu'elle a faite contre la raison, encore qu'il me
suffise, MESSIEVRS, de iustifier qu'elle l'a desaduouée, &

que ce soit à elle d'en sçauoir &
d'en declarer la cause.

Causas tanti sciat illa furoris.

Virg. l.
Æneidos.

Neantmoins, puis qu'il n'est
pas possible de tirer la verité de
sa bouche, & qu'il importe que
la Cour soit entierement éclair-
cie, ie la supplie me permettre
de luy dire, que deux diuers
mouuemens ont porté l'appellante à desaduoüer sa fille, &
ont esté comme les deux Astres
mal-heureux, de la conionction
desquels est sortie cette influen-
ce si funeste. Le premier a esté
la honte qui luy a persuadé d'vne
part, que si elle aduoüoit ma partie pour sa fille, elle estoit aussi
contrainte d'aduoüer, qu'elle
auoit offensé la nature & sa conscience tout ensemble. Et d'au-

tre part, qu'en reconnoiſſant publiquement pour ſa fille , celle
que ſon mary n'auoit pas voulu
reconnoiſtre pour telle , elle
dôneroit quelque ſoupçon deſ-
aduantageux à ſa vertu ; &
qu'ainſi le premier feroit voir
qu'elle auoit eſté mauuaiſe mere , & le ſecond feroit douter ſi
elle auoit eſté honneſte femme:
Ainſi, MESSIEVRS, elle s'eſt
veuë inſenſiblement engagée à
ne pouuoir reconnoiſtre deuant
le monde ma partie pour ſa fille,
ainſi, dit ſainct Auguſtin, *Le dé-*
reglement de la volonté forme
premierement l'accouſtumance ;
& l'accouſtumance deuient ne-
ceſſité ; lors qu'on n'y reſiſte pas.
Ainſi, MESSIEVRS, l'appel-
lante auoit peut-eſtre dans la
penſée, ce que dit cette mere
dans le Poëte,

Iam pœnitet, facti pudet.
Quid misera feci, misera pœ-
niteat, licet ; feci.

Senec.
in mede
act. 5.

Quant à la puissance de la honte, on n'en peut pas douter, apres ce que dit Aristote dans les Morales, *que la crainte venoit de l'apprehension des choses effroyables, & la honte de celle des choses honteuses ;* elles agissent toutes deux sur l'ame, quasi auec vne esgalle violence, & qu'ainsi qu'en la crainte le sang se rend au cœur; de mesme en la honte, il se porte au visage, dautant que les choses terribles attaquent le cœur, à cause qu'il est la source de la vie, comme celles qui sont deshonnestes, attaquent le visage, lequel est le siege de la pudeur, & le tableau de l'ame. Mais quel

effet plus estrange pourroit produire cette passion, que celuy
qui est si ordinaire en ce siecle,
lors qu'elle porte des meres à
tuer leurs enfans, auant leur
naissance, de peur de perdre la
reputation d'estre chastes, lors
qu'elle leur persuade de destruire par des breuuages abomina-
bles, les plus grands chef-d'œuure de la nature ; l'image viuante du Dieu viuant & de porter leurs mains parricides iusques dans leurs propres entrailles ; & que diray-ie Messievrs
de ces meres, qui plus cruelles
que les Tygres & que les Serpens, n'attendent que leurs enfans ayent veu le iour, que pour
leur en oster aussi-tost la lumiere, qui en mesme temps qu'elles
les forment dans leur corps, forment vn monstre dans leur es-

prit auquel elles les ſacrifient comme des victimes miſerables, & ſe portent pluſtoſt à cette funeſte eſlection de rougir leurs mains du ſang de leurs enfans, que de ſouffrir que leur viſage rougiſſe de honte. Le ſecond mouuement MESSIEVRS, qui s'eſt rendu maiſtre de l'eſprit de l'appellante, eſt celuy de l'auarice, car elle poſſede aujourd'huy toute la ſucceſſion de ſon mary, dont l'inuentaire ſe monte à vingt mil neuf cens liures, & cela par le moyen d'vn don mutuel, contre lequel ma partie a obtenu des lettres, & de deux mil ſept cens liures qu'elle a baillé par vne tranſaction à de pauures païſans, parens de deffunt maiſtre Ioachin Cognot : de ſorte que l'appellante ſe voyant obligée de rendre ce

bien-là à fa fille , comme heritiere legitime, a refolu de la defaduoüer affin d'empefcher cette
reftitution. Fille infortunée qui
feroit reconnuë pour fille , fi elle
eftoit née plus pauure , & qui
n'auroit point de procez contre
fa mere fi elle n'auoit point de
bien, dont la condition ne feroit
pas à prefent fi miferable fi elle
l'auoit efté dauantage , dont le
malheur ne donneroit pas aujourd'huy de la pitié , fi les moyens n'auoient donné de l'enuie,
& qui auroit conferuée fes aduã-
tages de la nature , fi elle auoit
efté priuée de ceux de la fortune;
Il fe voit MESSIEVRS, des meres
qui retiennent le bien de leurs
enfans, mais cette fille eft fi mal-
heureufe, que fa mere ne luy retient pas feulement fon bien ,
mais que fon bien luy retient fa

mere. Nous lifons MESSIEVRS,
dans l'Orateur Romain, qu'vne
femme ayant reçeu de l'argent de
quelque heritier fubftitué à l'enfant
dont elle eftoit groffe, elle eftouf-
fa cét enfant dans fon corps, & fut
punie de mort, pour auoir deftruit
l'efperance de fon mary, l'appuy de
fa race, le fucceffeur de fa famille
& vn citoyen de la Republique;
l'on voit en cette hiftoire, que
l'or de cét heritier fut comme le
fer qui ofta la vie à cét enfant, &
que ce Soleil des abyfmes luy
empefcha de voir le Soleil du
Ciel: il eft vray que l'inhumanité
de l'appellante n'eft pas fi grande
que celle-là, mais elle eft plus
extraordinaire & vn effet de la
mefme caufe. Et pour comble
de mal MESSIEVRS, elle s'eft re-
mariée à vn homme, qui pour
tout bien, n'auoit que des det-

tes & cinq enfans, & qui estoit
prisonnier en la Conciergerie du
Palais pour deux mil cinq cens
liures qu'elle a payé pour luy,
acheptant ainsi sa liberté affin de
luy engager la sienne : de sorte
qu'on ne doit pas s'estonner, suiuant la pensée du declamateur,
si cette mere ayant traitée sa fille
si mal, dit aujourd'huy qu'elle
n'est pas à elle : elle mesme n'est
plus à elle apres de si grands déreglemens : ie sçay bien (l'appellante) que vous pourriez dire
que ce n'est pas à vostre fille à reprendre vos actions, & que si
vostre second mariage merite
quelque blasme, elle le doit excuser par ses paroles, ou au
moins le couurir par son silence,
mais pardonnez-luy si elle parle
veritablement de vostre second
mary : elle le fait, par ce que l'a-

uarice dont il brusle, la violence
de son humeur & l'autorité qu'il
a sur vous, vous deschargent
d'vne partie de vostre faute ; &
vostre fille seroit bien aysé que
vous ne fussiez point du tout
coupable, pardonnez-luy si le
respect qu'elle vous porte ne s'e-
stend pas iusques en la personne
de son beau-pere, & d'vn beau-
pere qui jouyt, non seulemét de
son bien, mais qui veut encore
luy rauir sa mere ; C'est luy,
MESSIEVRS, qui assiege continuellement l'esprit de l'appellante sa femme; c'est luy qui met
de l'huile dans le feu; c'est luy
qui a composé toutes les four-
bes, qui a donné des armes à la
cruauté de cette mere, & qui
considerant que l'Extraict Baptistaire de ma partie asseuroit entierement sa naissance, a porté

l'appellante sa femme à se seruir de l'artifice des enfans de Iacob, qui ayans vendu leur frere Ioseph, firent voir à leur pere qu'il estoit mort, car apres qu'elle a, MESSIEVRS, non pas vendu sa fille, mais abandonnée entierement, il luy a fait dire dans son interrogatoire, que sa fille Marie estoit morte; Ainsi, MESSIEVRS, il oblige ma partie, qui est cette fille, de luy dire à present.

Viuo equidem vitamque extrema per omnia duco. Virg. 3. Æneid.
Nec dubita nam vera vides.

Mais où sont les preuues de cette mort imaginaire, en quel lieu est-elle decedée, en quel temps, de quelle maladie, où fut-elle enterrée, où est son extraict mortuaire, on ne voit rien

de tout cela ; L'appellante dit
seulement qu'estant de retour
de Fontenay d'vn voyage qu'elle auoit fait à Bar-sur-Seine, de-
funt son mary luy dit que sa fille
estoit morte, & quelle ne s'en
enquist pas dauantage ; Hé ! où
est la mere qui seroit sans curiosité en cette rencontre, si elle
~~aimoit~~ sans affection, & à qui
les mouuemens du sang ne tire-
roiët quelques souspirs du cœur,
ou quelque parole de la bouche:
Mais ie me reprens, MESSIEVRS,
cét argument, qui seroit bon
contre vne autre mere, ne conclud pas contre l'appellante, car
pource qu'elle a le courage de
desaduoüer sa fille, elle auroit
bien pû receuoir sans estre es-
meuë, la nouuelle de sa mort:
C'est pourquoy, MESSIEVRS,
ie passe des presomptions aux

preuues, qui iuſtifient que ſon
impoſture eſt trop claire pour s'y
arreſter : car tant s'en faut que
deffunct ſon mary luy ait dit que
ſa fille eſtoit morte, qu'au contraire, ie pretends qu'il eſt iuſtifié par les informations, qu'il la
laiſſa à Fontenay , & lors qu'il
fut arriué à Paris qu'il l'enuoya
querir , & la donna à nourrir à
Françoiſe Fremont, comme j'ay
dit cy-deſſus : Ainſi , MES-
SIEVRS , vous voyez que l'appellante a commis vn parjure,
lors qu'elle a dit que ſa fille eſtoit
morte, & qu'on voit au contraire depuis ſa naiſſance, des preuues tant par eſcrit, que par teſmoins , qui iuſtifient qu'elle eſt
viuante. Si on dit que c'eſt vne
mere qui parle , & qu'elle doit
eſtre pluſtoſt creuë que toutes
les preuues du monde , ie reſ-

pons auecque vn Ancien, ostez le nom de mere, elle est demeurée depuis ce procez vne marastre impitoyable, & auecque les Iurisconsultes, que le serment d'vne mere touchant son enfant, ne doit pas seruir de preuue, mais qu'il faut chercher la verité, laquelle estant trouuée en cette cause si visible, doit estre sans comparaison plus puissante, que des paroles vaines, & sans fondement d'vne mere interessée, qui ne reconnoist de ses enfans que ceux qui sont morts, parce qu'ils ne peuuent luy oster la succession de leur pere qu'elle possede auec son secõd mary, qui ne desaduoüe sa fille, qu'à cause qu'elle est viuante & qu'elle luy demande son heritage, & qui la reconnoistroit aujourd'huy pour sa fille si Dieu l'auoit appellée :

De sorte qu'elle vous peut dire,
MESSIEVRS, ce que dit ce fils
chez Quintilien contre sa mere
qui la desaduoüe ; *De tous ses
parens , il n'y a qu'elle qui l'a
mise au monde , qui ne veut pas
la reconnoistre ,* & si vous en
cherchez le sujet , il n'y en a
point d'autre sinon de ce qu'elle
est en vie : Apres cela , iugez ie
vous prie , si l'auarice n'est pas
bien puissante , puis qu'elle
triomphe mesme de la nature.
Voilà, MESSIEVRS, le tableau
de la verité de nostre cause.
Mais en voicy vne preuue sensible tirée de la confession de l'appellante, qui n'a pû s'empescher
de dire dans son interrogatoire,
depuis mesme ce procez , qu'elle voudroit que ma partie fut sa
fille : car n'est-ce pas ce que nous
lisons d'Andromaque, *Qui ayant*

caché son fils *Astianax* dans le tombeau d'*Hector* ; & *Vlisse* luy demandant où il estoit, luy respond qu'il estoit mort, mais ce sage Prince luy ayāt dit qu'elle n'estoit pas ferme en ses paroles, & qu'elle luy tesmoignoit de la crainte, elle luy replique ingenieusemēt, qu'elle voudroit estre en estat de craindre pour son fils. Ainsi lors qu'on demanda à l'appellante si ma partie n'est pas sa fille, elle respond qu'elle voudroit qu'elle le fust : Y a-il rien de plus semblable que l'artifice de ces deux meres, qui toutes deux parlent contre la verité, en tesmoignant de desirer ce qu'elles possedent, mais y a-il rien de plus different que le sujet qui les fait parler ; celle-là veut sauuer la vie à son fils, & celle-cy desaduouë sa fille ; celle là tasche d'empescher qu'on ne respande son

son sang, & celle-cy rejette le
sien, celle-là ne peut reconnoistre vne verité qui luy osteroit
son fils, & celle-cy n'en veut pas
recõnoistre vne qui luy rendroit
sa fille ; en l'vne, c'est la violence
de l'affection naturelle qui prononce le mensonge ; en l'autre,
l'excez d'vne passion desreglée ;
mais en tous les deux on reconnoist que c'est vne mere qui parle : car ne le faites-vous pas voir
l'appellante, lors que vous dites
que vous voudriés que ma partie
fut vostre fille ? Seroit-il possible
que vous desirassiez d'auoir pour
fille celle qui vous auroit faussement accusée de desaduoüer vostre fille ; Desireriez - vous d'a-
uoir donné la vie à celle qui vous
auroit voulu oster l'honneur, &
d'estre mere d'vne personne qui
auroit tasché de vous rendre

D

odieuse à toutes les meres. Desireriez-vous que Dieu eust beny voftre mariage de la naiffance de l'intimée, à qui vous auriez fujet de defirer toutes les maledictions du monde ; defireriez-vous d'auoir enfanté vn monftre d'impofture qui vous auroit voulu faire paffer pour vn monftre d'inhumanité.

Mais vous auez dit encore que vous luy auiez promis de la recompenfer en mourant? Quoy l'appellante, ma partie n'a pas pluftoft intenté ce procez , que vous luy auez reproché le bien que vous luy auez fait, & l'auez accufée d'ingratitude; & certes, elle en feroit coupable , fi elle n'auoit point d'autre qualité que celle de voftre feruante, car fans parler des quatre cens liures que deffunt voftre mary a payé pour

elle, vous luy en auez encores
donné quinze cens en mariage:
& neantmoins, vous dites que
vous luy auez touſiours promis
de la recompenſer en mourant:
Des recompenſes, à qui ! A vne
perſonne laquelle a voſtre compte vous a des obligations infinies, & vers qui vous auez pluſtoſt eſté magnifique que libera-
le, eſtes-vous aſſez ſubtile pour
accorder deux choſes ſi contraires.

Mais quoy, luy reſeruez-vous
encore voſtre bonne volonté ?
hé, ne l'auez-vous point perduë
apres ce qui s'eſt paſſé entre vous
deux deuant la face de la Iuſtice ; Sans doute, vous auez oublié lors qu'on vous interrogea,
que l'intimée vous accuſoit de
deſaduoüer voſtre fille, car ſi
vous vous en fuſſiez ſouuenuë,

vous n'euſſiez eu garde de dire
que vous luy reſeruiez voſtre
bonne volonté ; Vous croyez
eſtre encore en particulier auec
elle, & non en la preſence d'vn
Iuge, vous parliez comme ſa
mere ſans penſer que vous eſtiez
ſa partie; rendez les armes en cét
endroit à la force de la verité, &
confeſſez que ſi elle ne vous a
oſté la memoire, elle vous a
eſblouy le Iugement : Quoy
l'appellante, vous voulez encore
du bien à celle que vous croyez
vous accuſer à tort d'vne barba-
rie honteuſe à noſtre ſiecle & in-
jurieuſe à la nature; elle auroit
merité la haine de tout le monde & vous renouuelleriez encore les aſſeurances de voſtre affection, C'eſt (dites-vous à preſent)
la plus ingrate ſeruante de la
terre, & lors vous deſiriez que

ce fuft voftre fille ; c'eft tout le mal que vous luy fouhaitiez, & maintenant vous luy promettez de la recompenfer à la mort : ce font les feules menaces que vous luy faites, c'eft la plus infame calomniatrice qui fut iamais, & neantmoins vous luy referuez voftre bonne volonté : C'eft toute la vengeance que vous voulez prendre d'elle.

Croyez - vous (l'appellante) que defaduoüer fa fille foit vne fi petite faute, qu'elle ne doiue pas mettre en colere vne femme qui en feroit fauffemét accufée ; il faut eftre capable de la commettre pour eftre capable d'en auoir cette creance ; que fi vous la iugez auffi grande que tous l'eftiment, comment lors qu'on vous interrogea, n'auiez-vous point les plaintes dans la bou-

che, le feu dans les yeux, le def-
pit dans le cœur, & la colere dans
le vifage. Vos penfées deuoient-
elles auoir d'autre object que la
grandeur de l'impofture de ma
partie ; Vos paroles deuoient-
elles faire paroiftre autre chofe
que des menaces contre elle, &
vos actions que des mouuemens
violens de cette iufte indigna-
tion qui accompagne toufiours
l'innocence iniuftement accufée. Mais ie ne veux point icy
(l'appellante) vous preffer dauantage , la chofe parle d'elle-
mefme , tout le monde reconnoift qu'il eft bien difficile d'e-
ftre mere & d'auoir les mouuemens d'vne perfonne qui ne l'eft
pas ; que lors qu'on vous a inter-
rogée , le fang a refpondu pour
vous malgré vous-mefmes , que
ce feu ajetté des flammes qui ont

paru, quoy que vous fissiez pour
les couurir , & que la nature qui
délia autrefois la langue d'vn enfant muet, pour faire connoistre
que celuy qu'on vouloit tuer
estoit son pere , a deslié la vostre
qui estoit muette pour la verité.
Mais que vous restoit-il , apres
que vos propres paroles vous ont
conuaincuë , sinon de vous condamner encore vous-mesme par
vos actions, & c'est ce que vostre
aueuglement vous a fait faire,
c'est , MESSIEVRS, ce que ie
vous dois representer : L'appellante sçachant que cette Françoise Fremont, ne pouuant plus
nourrir ma partie , l'auoit mis en
l'année 1632. en l'Hospital de la
Trinité , elle a fait faire trois
faussetez sur le registre de cette
maison, pour faire croire qu'elle
estoit vne fille trouuée, & a com-
D iiij

pulſé en ſuite ce regiſtre auecque vne ardeur incroyable: Saint
Auguſtin à raiſon de dire, *que
Dieu reſpand vn nombre infiny d'a-
ueuglement ſur des paſsions infinies*,
car au lieu qu'il y a ſur le regiſtre
du grand Bureau des Pauures
vne ligne en blanc, où deuoit
eſtre le nom & le ſurnom de ſon
pere & de ſa mere, que cette
nourrice ne connoiſſoit pas lors,
l'appelláte a fait remplir le blanc
ſur le regiſtre de la Trinité, de
ſorte qu'on y lit, *Marie Boullet,
fille trouuée, & nourrie de laict
par la femme de feu Iean Boullet:*
Hé! comment peut-elle eſtre
vne fille trouuée, puis qu'il eſt
iuſtifié par eſcrit, que deffunct
Maiſtre Ioachin Cognot la bail-
la à nourrir à cette Françoiſe
Fremont en 1631. & qu'elle la
luy rendit, en luy faiſant payer

quatre cens liures : Comment a
elle pû estre nourrie de laict par
cette femme, puis qu'elle n'eut
iamais d'enfant, & par conse-
quent iamais de laict, comment
ce Iean Boullet estoit-il mort en
1623. puis qu'il a vescu iusques
en 1629. comme il se iustifie par
l'extraict mortuaire. Ainsi,
MESSIEVRS, l'appellante en
m'objectant ce registre, m'objecte en effect son crime, m'objecte des faulsetez qui la condamnent, & qui font voir qu'elle soustient vne fausseté, en sou-
stenant que ma partie n'est pas sa
fille, car la verité qui est naturel-
lement genereuse, inspire d'ordinaire des sentimens trop nobles pour se seruir d'autres
moyens que de ceux qui font
honnestes : c'est pourquoy Pitagore s'étant caché dans des lieux

souſterrains, où ſa mere luy donnoit à manger , & s'eſtant deſ-
couuert au bout de ſept ans pour
faire croire que les morts reſſuſ-
citoient, donnoit ſujet à Tertulien de dire élegamment , *Que
Pitagore montroit bien que ſon opinion de la reſurrection eſtoit fauſſe,
puis qu'il ſe ſeruoit d'vn faux teſmoignage pour la prouuer, & qu'il
falloit croire qu'il mentoit , puis
qu'il mentoit afin qu'on le creuſt :*. Ie
dis le meſme de l'appellante, elle
montre bien qu'elle ſouſtient
vne fauſſeté , en diſant que ma
partie n'eſt pas ſa fille , puis
qu'elle fait vne fauſſeté pour
prouuer ce qu'elle ſouſtient, &
il faut croire qu'elle combat la
verité dans ſes intentions , puis
qu'elle la côbat afin d'eſtre creu
en ſes pretentions. Mais c'eſt
icy, MESSIEVRS, qu'elle

doit reconnoiſtre ſa foibleſſe,
elle a effacé la conformité qui
eſtoit entre ce regiſtre, & celuy
du Bureau des Pauures, mais
elle n'a pû effacer la reſſemblan-
ce qui eſt entre elle & ma partie,
elle a corrompu la verité eſcrite,
mais elle n'a pû alterer celle qui
eſt viuante & animée, elle a ruiné l'ouurage de la main des
hommes, mais elle n'a pû deſtruire l'ouurage du doigt de
Dieu, ce Peintre adorable & cét
immortel Statuaire qui ne trauaille ny en couleur ny en marbre, mais en chair & en ſang,
& de qui les hommes ſont les ta-
bleaux, a voulu que cette fille
fut le veritable portraict de ſa
mere, qu'on les vit toutes deux
l'vne dans l'autre, & que les
yeux fiſſent reconnoiſtre à la raiſon, que l'Arreſt que la Cour

doit prononcer est escrit sur leur visage. Mais la Prouidence a passé plus loin, elle a fait que lors que l'appellante se veut deffendre de cette ressemblance par quelques discours estudiez, elle en descouure encore vne autre qui est de sa voix auec celle de sa fille, & se declare d'autant plus coupable, qu'elle se veut le plus excuser, sa voix trahit ses sentimens, sa voix combat ses paroles, & fait que sa bouche est l'organe de la verité & de son mensonge tout ensemble : Ainsi, MESSIEVRS, les marques de la nature qui sont effacées dans son cœur, reluisent dans son visage ; Ainsi la plus noble partie de son corps fait la guerre à son esprit ; Ainsi il faut qu'elle succõbe, puis qu'elle est diuisée contre elle-mesme.

Ie souſtiens , MESSIEVRS ,
qu'il a eſté bien iugée & finis par
vne hiſtoire digne de l'Audien-
ce de la Cour , qui eſt quaſi la
ſeule dans l'antiquité qui appro-
che de l'eſpece de cette cauſe :
Vne Dame Romaine veſue de
ſon premier mary auoit perdu
ſon fils vnique qu'elle auoit eu
de ſon mariage & qui luy auoit
eſté deſrobé par vn de ſes heritiers, lequel fut nourry dans vne
Prouince fort éloignée & dans
la miſere de la ſeruitude. Cét
enfant deuenu grand , apprend
la verité de ſa naiſſance, vint à
Rome pour ſe preſenter à ſa
Mere, & ſe faire reconnoiſtre,
elle eſtoit lors amoureuſe d'vn
homme violent & indigne de ſa
qualité , qui par bon-heur s'e-
ſtant trouué abſent , lors que
ſon fils arriua chez elle, elle le

traita comme son fils , & luy tef-
moigna par l'excez de fa joye,
combien la croyance de fa perte
luy auoit caufé de douleur ; Il
arriue que cét homme reuient,
& ne pouuant fouffrir cet heritier , il declare à cette Dame
qu'il renonçoit à fon amour, fi
elle ne vouloit fe refoudre de
renoncer à fon fang ; Ce fils pre-
uoyant fon mal-heur à recours à
Theodorique, & le fuplie de faire venir fa Mere , elle ne le fçait
pas pluftoft que le dépit de fe
voir appeller en iuftice la porte à
méprifer la nature , & vn amour
des - honnefte & eftranger ,
triomphe d'vne amitié vertueufe & naturelle, il interpelle
fa confcience mais en vain ; il
protefte qu'elle luy a aduoüé
qu'il eftoit fon fils ; Mais elle eft
affez hardie auffi bien que vous

l'appellante pour crier que c'e-
ftoit vn impofteur & vn ingrat,
Le Roy s'aduife d'vn artifice,
dont Suetone efcrit que l'Empereur Claudius fe feruit en vn pareil fujet, de les obliger tous
deux à fe marier enfemble, &
de menacer de mort celuy qui
refuferoit de le faire : Lors la
mere fe coupant dans fes paroles, & voyant fa malice defcou-
uerte, reconnoift enfin fon fils
vnique, & obtient le pardon de
fa faute de la cleméce de Theodorique : Iufques icy (l'appellante) voftre fille plus heureufe
en cela que ce fils vnique, a iuftifié fa naiffance par des preuues
indubitables : Mais elle interpelle maintenant voftre confcience ; elle ne vous dit point
ce que vous fçauez auffi bien

qu'elle, que tous vos parens ge-
neralement vous condamnent ;
elle vous supplie de vous iuger
vous-mesme : N'attendez pas à
voftre mort à declarer publiquement que vous luy auez donné
la vie ; rendez - luy dés cette
heure vn veritable tefmoignage
de la bonne volonté que vous
luy auez referuée dans voftre interrogatoire : Que fi les derniers
mouuemens qui vous agitent, fi
la honte, l'auarice & voftre fecond mary ne vous permettent
pas de preuenir l'Arreft par vne
reconnoiffance volontaire ; ne
trouuez pas mauuais que voftre
fille, puis que vous l'y contrai-
gnez, implore la Iuftice de la
Cour : Et vous, MESSIEVRS,
fouffrez, s'il vous plaift, qu'elle
fe iette à vos pieds, comme ce

fils

fils vnique à ceux de Theodorique : La violence des paſſions
peut bien eſtouffer la raiſon &
rendre la nature captiue. C'eſt
vne Reyne, mais qui deuient
ayſément eſclaue , il n'y a,
MESSIEVRS, que voſtre Iu-
ſtice qui ſoit touſiours libre ,
touſiours regnante , touſiours
Souueraine : C'eſt-la , MES-
SIEVRS, que ma partie à recours, c'eſt à elle qu'elle demande maintenant le pere & la
mere que Dieu luy a donné, que
l'appellante luy refuſe : Rendez-
luy, s'il vous plaiſt, ce que la
Prouidence Diuine luy a voulu
conſeruer ; acheuez doncques
en la Terre l'ouurage que le Ciel
a commencé, reüniſſez l'appellante auecque elle, le ſang auec
le ſang, la branche auecqne la
tige : Vous n'aurez pas beſoin

E

d'artifice comme le Roy Theodorique, vous n'auez qu'à declarer par voftre Arreft, ce qui
fe voit dans les pieces, qui s'entend dans leurs voix, & qui fe lit
dans leur vifage.

Fin du premier Plaidoyer.

SECOND PLAIDOYER,

Prononcé au Parlement.

ESSIEVRS,

Vous venez d'entendre la voix d'vne mere qui vous a voulu persuader d'vne part que Maistre Iean du Bail son fils & l'intimée, pour laquelle ie parle, n'ont esté liez ensemble que d'vne affection desreglée; que le vice prend le nom de la vertu,

qu'il veut confondre la chasteté
auec la prostitution, l'honneur
auec l'infamie ; & d'autre part,
que ses petits enfans ne sont pas
seulement bastards, mais estrangers ; que la France ne les doit
non plus receuoir pour François,
que l'Eglise pour legitimes. De
nostre costé , MESSIEVRS,
vous n'escoutez pas tant la voix
que les gemissemens & les souspirs d'vne vesve qui iustifie son
mariage par des preuues authen-
tiques , son innocence par ses
actions , son mal-heur par la
cruauté de l'appellante & sa misere par l'excez de sa douleur, &
par l'abondance de ses larmes,
elle vous fera voir que l'amour
du deffunt & d'elle a esté sainct
dans son origine, legitime dans
son cours , sage dans le bon-
heur,genereux dans la mauuaise

fortune , que l'appellante mefme qui l'accufe la reconnuë tres-
innocent , qu'il luy a efté inuiolable tant qu'elle a efté libre de
paffion , & qu'elle ne l'a rendu
l'objeCt de fes calomnies , que
lors qu'elle a veuë qu'il donneroit des bornes à fon auarice ; car
le deffein de l'appellante, M E s-
s i e v r s , n'eft que de fucceder
à fon fils , bien que le Ciel & la
Terre , les Loix diuines & humaines, delles de l'Eglife & de
la France luy donnent les inti-
mez pour enfans & pour heritiers , parce qu'ils ne peuuent
fouffrir qu'elle leur arrache la
fucceffion que la mort de leur
pere leur a acquis ; Elle veut
leur rauir la qualité que la naiffance leur donne , les mouuemens de l'intereft eftouffent en
elle ceux du fang , & le defordre

de sa passion trouble l'ordre de
la nature. MESSIEVRS, deffunt Maistre Iean du Bail natif
de Doüé en Anjou, fils aisné de
deffunct Maistre Estienne du
Bail & de Damoiselle Marie
Barnabé, qui est l'appellante,
ayant acquis vne connoissance
tres particuliere des Lettres humaines, & estant âgé de vingt-
six ans, se resolut en 1623. d'aller voyager en Italie : Il passa par
la Sauoye, & ayant demeuré
quelques iours à Chambery, il
fit connoissance auec le sieur de
Martaut, President au Parlement, lequel le retira en sa maison : Ce President personne d'é-
minente condition, auoit chez
luy l'intimée, Damoiselle me-
diocrement riche, mais beaucoup plus neantmoins que des-
funct du Bail, qui eust pû espou-

fer à Chamberry vn homme de
qualité, & qui auoit toute fortes d'auantages fur du Bail, &
pour les biens de la nature, &
pour ceux de la fortune; Selon
cela, iugez, MESSIEVRS, s'il
vous plaift, quelles peuuent
eftre maintenant fes penfées, en
cette Audiance, s'il ne luy eft
pas bien fenfible de fe voir def-
chirée publiquement dans le
lieu du monde le plus celebre,
& apres auoir efté reconnuë en
Sauoye pour femme non feulement legitime, mais encore tres-
vertueufe, apres l'auoir eftée méme en Anjou, d'eftre traitée aujourd'huy dans le premier Parlement de France, comme vne
concubine non feulement im-
pudique, mais impudente, fon
mary qui la deffendoit forte-
ment eft dans le Sepulchre, fes

enfans dont on attaque la naiffance ont a peine l'vfage de la
parole ; Ses parens qui la prote-
geoient dans la Sauoye font im-
puiffans dans ce Royaume, l'appellante fa belle-mere adioufte
les iniures aux menfonges, les
parties interuenantes conjurent
enfemble pour l'opprimer ; On
crie qu'elle eft eftrangere, &
parce qu'elle n'a pas eu le bon-
heur d'eftre née Françoife, on
veut luy faire fouffrir le plus
grand de tous les mal-heurs,
d'eftre des honnorée par vn Arreft. Y a-t'il, MESSIEVRS,
vne condition plus déplorable
que la fienne ; & cét eftat fi funefte auquel elle eft reduite
maintenant, ne pourroit-il pas
la ietter dans le defefpoir, fi
elle n'efperoit en Dieu, qui eft
le Protecteur des vefves, & le

pere des orphelins, & qui commande d'affifter les eftrangers,
en fa confcience qui luy repre-
fentant l'image de fa vertu,
adoucit celle de fon infortune,
en la verité qui n'eft point limi-
tée par les bornes qui diuifent
la France de la Sauoye, en fes
preuues qui n'ont à vaincre que
l'appellante, qui en a defia efté
vaincuë & condamnée. Et enfin, MESSIEVRS, en fes Iuges
qui tiennent la place en ce lieu
d'vn Monarque auffi équitable
pour les eftrangers qui l'implo-
rent, que vers les peuples qui
luy obeyffent. Mais pour reprendre le fil de ma narration,
que l'excez du mal-heur de ma
partie m'auoit fait quitter cette ieune Damoifelle, MES-
SIEVRS, qui demeuroit chez
le Prefident fon oncle, qui com-

me ie vous ay dit, auoit retiré chez luy le sieur du Bail, il
arriua ce qui arriue souuent
que le respect que cet homme
luy portoit au commencement,
se changea en amitié & l'amitié
en amour ; & on ne doit pas s'e-
stonner si les yeux ayant fait naistre l'amour en terre aussi bien
que descendre la pluye du Ciel ;
du Bail voyant tousiours vne
personne qui outre les qualitez
aduantageuses elle auoit du
bien & de la naissance, & auoit
peut estre encore quelque chose d'agreable ; il prit de l'affection pour elle, comme aussi on
ne doit pas trouuer estrange si
cette fille ne fut pas insensible à
cette amitié, aussi chaste que
violente. Les parolles estans les
organes de cet art que la nature
seule nous apprend, aussi bien

que des sciences que les hommes nous enseignent, & du Bail
ayant moyen de luy parler tous
les iours, il pouuoit luy persuader aisement de cherir celuy qui
l'aymoit auec ardeur: l'inclination puissante que Dieu a inspi-
ré pour les mariages, porta ces
deux personnes de desirer de se
marier ensemble; y a-t'il quelque
chose à reprendre à ce procedé,
il est vray que l'vn fit paroistre
qu'il estoit homme, & l'autre
qu'elle estoit fille, mais toutes
deux firent voir qu'ils estoient
sages encore qu'ils fussent
amoureux, la calomnie la plus
insollente ne sçauroit ternir de
la moindre tâche la vertu de
l'intimée, si c'est vn crime à vne
fille d'aymer vn homme qui
l'ayme elle se reconnoist criminelle: & s'il y a de l'impudicité

dans vn mariage legitime, elle auoüe qu'elle est coupable.

Huic vni tantum potuit succumbere culpæ.

Virg. 4.
Æneid.

Mais c'est, MESSIEVRS, la seule faute qu'elle a commise & dont elle n'a besoin pour en obtenir le pardon que de la iustice de la Cour & non pas de sa clemence ; on ne me sçauroit faire en cét endroit qu'vne seule objection, qui est que les parens de ma partie personnes d'eminente qualité n'agréerent pas la recherche de du Bail , qu'ils vouloient empescher ce mariage & que l'intimée suiuit plustost sa resolution que la volonté de ses parens. Mais qui ne sçait qu'il est plus aisé de commencer d'aymer lors que l'on nous l'ordonne, que de cesser lors qu'on nous le commande, que cette passion n'est presque iamais en nostre puissance, & qu'à plus forte raison il est tres difficile pour ne dire pas impossible de la reduire sous la puissance d'vn autre, & d'ailleurs l'amour qui est legitime comme estoit celuy dont nous parlons, est sans doute plus violent lors qu'il s'empare des cœurs que le vice n'a pas corrompu : ce n'est pas vn feu de fiévre qui déregle la nature, mais vn redoublement reglé de la chaleur naturelle, ce n'est pas vne maladie de l'ame mais vn effet de sa santé, il n'a pas la laideur du vice mais la beauté de la vertu, il n'est susceptible d'aucune crainte, il a la hardiesse qui accompagne les actions legitimes, il ne rougit

point aux yeux des hommes, il
ne rougit point aux yeux de
Dieu mefme, il ne fe fert point
de la brutalité, il abhorre cette
infamie, il n'employe qu'vn Sacrement venerable, il n'a recours qu'à des armes de lumiere,
& n'a pour but que les enfans à
venir, c'eſt à dire la benediction
du Ciel, l'honneur de la terre,
la durée du monde, & le fou-
ftient des Empires. Cette ieune
Damoifelle n'eft-elle donc pas
excufable, fi elle fe refoud de fe
marier contre la volonté de fes
parens? hé, de quelle forte fut-
elle mariée auec deffunt du Bail
non feulement à la face de l'E-
glife inanimée du Temple & de
fes Autels, mais encores à la face
de l'Eglife viuante deuant leurs
propre Curé. Du Bail n'a pas
dérobé vne femme, il l'a prife

dans le Sanctuaire, il a appellé
les hommes pour tefmoins , &
Dieu pour Iuge; vn mariage ne
fçauroit eftre celebré plus fain-
ctement, ils furent mariez dans
l'Eglife de faint Leger dans l'v-
ne des Parroifles de Chambery,
celle fur laquelle ils demeu-
roient. Ils furent mariez vn Di-
manche par le Vicaire mefme
de la Parroiffe & en prefence de
plufieurs perfonnes de qualitez,
ils reçeurent de cette forte la
Benediction Nuptiale : c'eft en
cela que confifte toute l'effence
& toute la Sainteté du mariage,
felon la reformation eftablie par
le Concile de Trente, car pour
ce qui regarde la difcipline de
l'ancienne Eglife , Harmeno-
pule dit , *que les mariages ne fe
font pas entre les Chreftiens par le
feul confentement , mais que les*

prieres du Preſtre y doiuent inter-
uenir, elles ſont interuenuës au
mariage dont eſt queſtion. Bal-
ſamon Patriarche d'Antioche,
eſcrit, que l'office ſacré qu'il appelle εὐλογίαν & la participation
de l'Euchariſtie eſt neceſſaire, du
Bail & l'intimée furent mariez
de cette ſorte. L'Empereur Baſile ordonne par ſa Nouelle, que
les Preſtres ne pourront marier en
ſecret, le mariage dont il s'agit
fut celebré publiquement. Et
Athanaſe Patriarche de Con-
ſtantinople eſcriuant à des Eueſ-
ques, ne veut pas que les perſonnes mariez couchent enſemble duant
la Benediction ſacerdotalle : du
Bail & ma partie ne conſomme-
rent le mariage qu'apres qu'ils
furēt reçeus en face de l'Egliſe.
La ſeule difficulté qui reſte eſt
de iuſtifier par de bonnes preuues

ües vne celebration si sainte & si
solemnelle : ma partie MES-
SIEVRS, en a deux & les plus
fortes qu'on puisse auoir, le cer-
tifficat du Vicaire de la Parroisse
qui les a marié, & l'extraict du
Registre du mariage, le certiffi-
cat est signé de luy, passé pardeuant vn Notaire, attesté par
l'Official de l'Archeuesché de
Tarentaise & scellé du Sceau de
l'Archeuesque : il est en la meilleure forme qu'il puisse estre, les
noms de ceux qui furent presens
au mariage y sont exprimez, le
Vicaire certiffie qu'il y a enui-
ron six ans & quatre mois qu'il
maria du Bail & l'intimée, il ne
marque ny le iour ny le mois, sa
memoire est dautant moins suspecte qu'elle est moins heureuse, le Concile de Trente n'a
desiré la presence du Curé & des

tefmoins, qu'afin qu'on eut recours à eux pour iuftifier le mariage, on y fçauroit auoir recours qu'en prenant vn certificat en bonne forme; celuy qu'à
l'intimée ne fçauroit eftre plus
authentique; & par confequent,
on ne luy doit pas difputer la
qualité de femme legitime. La
feconde preuue prife de l'Extraict des Regiftres de mariage,
eft auffi conforme au certificat
que le tefmoignage, toufiours
certain de l'Efcriture, le peut
eftre, à celuy de la memoire d'vn
homme qui eft moins exact &
moins fidel; Il n'y a que deux
mois à dire entre le temps mar-
qué par les deux, & pource que
les Preftres qui celebrent le mariage, & les tefmoins qui y affi-
ftent, peuuent mourir, on a
trouué l'inuention de faire qu'il

y eut des tefmoins immortels de
la verité d'vn mariage, à fçauoir
des Regiftres publics qui fe gar-
deroient dans les Parroiffes,
comme des Oracles qu'on iroit
confulter pour fçauoir les chofes paffées, au lieu qu'on les al-
loit confulter pour fçauoir les
chofes futures ; ainfi dans l'Empire Romain, les mariages & les
diuorces eftoient efcrits dans les
actes publics, & cela fe faifoit à
caufe des recompenfes & des
peines eftablies par les Loix *Iulia*
& Papia ; & nous voyons que
depuis, l'Empereur Iuftinian
ordonna par fa Nouelle, que
ceux qui feroient mariez fe pre-
fenteroient à l'Eglife & feroient
efcrire fur le Regiftre l'année, le
confulat, le mois & le iour que
leurs mariages auroient efté ce-
lebrez : Le Concile de Trente

l'a ainſi ordonné expreſſément, & cette Loy eſt d'autant plus iuſte, que les Regiſtres eſtans publics entre les mains de perſonnes publiques, contenant diuers actes inſerez les vns apres les autres. Il eſt preſque impoſſible de commettre aucune fauſſeté, on ne ſçauroit donc auoir des preuues plus fortes de la verité d'vn mariage, que celles de l'intimée, & par conſequent ſon mariage doit demeurer pour conſtant.

On m'objecte qu'il n'y a point de contract de mariage, ie reſpond qu'on ne doit pas le trouuer eſtrange, parce que les parens de du Bail eſtoiẽt en Anjou cependant qu'il eſtoit à Chamberry, & que ceux de ma partie vouloient empeſcher ſon mariage, comme j'ay dit à la Cour, & ainſi on n'auoit garde de faire vn

contract: Mais qui ne sçait qu'vn
contrat n'est pas necessaire pour
la validité d'vn mariage, & qu'il
ne sert qu'à regler les conuen-
tions. Y a-t'il Loy plus commu-
ne que celle qui dit que le contract ne fait pas le mariage ; &
cette autre qui establit pour maxime, que le mariage est aussi
bon sans dot & sans contract,
que s'il y en auoit, d'autant, dit-
elle, que c'est l'affection & non
pas la dot ou le contract qui
donne l'estre au mariage : Plusieurs autres Loix disent encore
la mesme chose, & cette objection ne merite pas qu'on s'y arreste. Ie passe à la seconde, qui
est plus considerable : L'on dit
que ce mariage ne peut subsi-
ster, parce qu'il n'y a point eu de
publications de bancs : Ie reconnois que cette ceremonie n'y

a point esté obseruée , que les
mesmes parens de ma partie qui
ont donné lieu au deffaut du
contract de mariage ont esté
cause aussi que les bancs n'ont
point esté publiez: s'ils l'eussent
esté , l'opposition estoit infailli-
ble , & la rupture du mariage indubitable : c'est pourquoy les
parties ayans dessein de se marier , elles penserent plutost à
celebrer leur mariage en face de
l'Eglise , qu'à faire publier des
bancs. Quant à cette publication , les Theologiens demeurent d'accord qu'elle n'est point
essentielle au mariage : & veritablement , il seroit estrange
qu'vne ceremonie essentielle au
mariage n'eust point esté obseruée dans les quatre premiers siecles de l'Eglise, lors qu'elle estoit
la plus pure & la plus florissante.

Or il est certain qu'elle ne l'a pas
esté , car elle a commencé en
France , & il n'y a que cinq
ou six cens ans , le Concile de
Latran tenu en l'année 1139. sous
le Pape Innocent deuxiesme , la
rendit de particuliere qu'elle
estoit en France , generale dans
toute l'Eglise ; mais il ne l'a pû
rendre plus essentielle qu'elle
estoit auparauant , & on n'en
peut douter, puis qu'il n'ordonne qu'vne peine & encore fort
legere contre la personne qui l'a
obmise , & ne touche en façon
quelconque à la validité du mariage. Le Concile de Trente l'a
renouuellé depuis , & a voulu
qu'elle fut obseruée si religieusement , que les Theologiens
estiment , qu'on ne la sçauroit
obmettre aujourd'huy sans commettre vn peché mortel ; mais

F iiij

neantmoins , le Concile n'a pas
fait qu'elle fut absolument neceſſaire, les termes du Canon le
iuſtifient clairement , car apres
qu'il en a parlé , il n'en parle plus
lors qu'il vient à decider en quoy
conſiſte l'eſſence du mariage : &
lors il dit ſeulement qu'il faut
le contracter en la preſence du
Curé ou d'vn Preſtre, que luy ou
ſon ordinaire ont commis , & en
la preſence de deux ou trois teſmoins. Voilà le Decret du Concile touchant l'eſſence du mariage : Il ne parle en façon quelconque de la publication des
bancs , de peur qu'on ne creut
qu'elle fut eſſentielle autant que
la preſence du Curé : Ce qui
n'eſt pas & n'a garde d'eſtre, car
le Concile en diſpenſe en la ligne ſuiuante, ce qu'il ne feroit
pas ſi elle eſtoit eſſentielle , &

mefme il en difpenfe pour vn
fujet affez leger, s'il y a foupçon
probable qu'on veüille mali-
cieufement empefcher le mariage, le Concile permet alors
de le celebrer fans bancs, &
n'oblige pas mefme neceffaire-
ment de le faire publier auparauant la confommation, pour
voir s'il n'y a point d'empefche-
ment, mais il remet cela à la prudence & à la difcretion de l'E-
uefque. La premiere de ces deux
circonftances ne fe trouueroit
pas en cette caufe, car l'oppofi-
tion des parens de ma partie ne
fe pouuant pas dire malicieufe,
ils auoient raifon de ne vouloir
pas, que du Bail qui eftoit eftranger & d'vne condition beaucoup
inferieure à celle de ma partie,
l'efpoufaft : Mais la feconde s'y
rencontroit, fçauoir qu'il n'y a

point entr'eux d'empeschemēt. Ils estoient en âge, du Bail estoit majeur, & ma partie auoit prés de vingt-trois ans : Ils n'estoient ny parens ny alliez, & ainsi pour ce qui regarde cét effect de la publication des bancs, elle eust esté absolument inutile. Cette objection estant refutée, on ne peut plus douter de la validité du mariage, ayant esté celebré selon les formes ordonnées par l'Eglise en cette celebration si saincte & si solemnelle, estant iustifié par des preuues si pressantes. Apres ce mariage contracté le vingt-cinquiesme Avril 1626. du Bail ne demeura que quatre iours en Sauoye, ayant peur que les parens de ma partie, qu'il auoit tant offensé, ne le poursuiuissent en Iustice, & l'affection qu'il auoit pour la Fran-

ce le portant d'ailleurs à y aller
demeurer. Il vint en Anjou,
MESSIEVRS, amena auec luy
ma partie fa femme, mais parce
qu'il auoit intention de tenter
auparauant quelle feroit la dif-
pofition de l'efprit de l'appellante fa mere, lors qu'il luy declare-
roit qu'il eftoit marié, il obligea
ma partie de demeurer en vne
Ville efloignée de trois lieuës de
Doüé ou demeuroit l'appellante, il luy declare donc qu'il eftoit
marié en Sauoye, & fans luy
dire que fa femme eftoit en Anjou, (l'appellante eft demeurée
d'accord en fon interrogatoire
de cette declaration, qui eft encore vne des preuues du mariage,) mais du Bail ayant reconnu
par le reffentiment qu'elle luy
auoit tefmoigné qu'elle ne feroit
guere difpofée à traiter fauora-

blement sa belle-fille, il fut contraint pour l'amitié qu'il portoit
à l'intimée , de retourner auec
elle en Sauoye. Ainsi, MES-
SIEVRS , l'affection & l'amour
qu'il auoit pour sa patrie le firent
venir en France pour tascher d'y
demeurer tousiours , & la mauuaise humeur de l'appellante luy
fit quitter vn sejour si agreable,
& le retint durant quatre ans
dans vn pays estranger. Maisla
Cour remarquera , s'il luy plaist,
vne circonstance qui sert encore
à prouuer ce mariage, qui est que
depuis le vingt-cinquiéme Auril
1626. qu'il a esté celebré iusques
à 1630. que du Bail est mort; Il
n'a iamais quitté ma partie, gar-
dant inuiolablement les preceptes de l'Euangile , *d'abandonner
son pere & sa mere pour demeurer
auec sa femme:* Ie sçay bien que

l'amour peut porter vn homme
à demeurer long-tēps auec vne
concubine: Que si nous n'auions
point d'autres preuues de ce
mariage, cét argument ne seroit
pas de grand poids, mais auec
les preuues que nous en auons il
sert à la confirmer, parce que
s'en est vne suitte naturelle, &
que cette societé iustifie que la
vertu de l'intimée a tousiours
esté si pure, que son mary qui
l'eut pû quitter à la moindre occasion de desplaisir qu'il eut pû
receuoir d'elle, n'en a point receu pendant quatre ans. De
sorte qu'il est vray, MESSIEVRS,
que si l'appellante n'auoit troublé ce mariage apres la mort de
son fils, & troublé en mesme
temps ses cendres & son corps,
en persecutant sa vefve & ses
deux petits enfans. Iamais vn

mariage n'auroit esté plus heureux, Dieu le benit de la naiſſance de trois maſles, qui tous
trois ont esté baptiſez comme
legitimes de du Bail & de ma
partie, leurs Extraicts Baptiſtai-
res le portent expreſſément. Iugez, MESSIEVRS, ſi cette
preuue jointe auec les autres,
n'eſt pas fort conſiderable, du
Bail s'ennuyant de demeurer en
Sauoye, & de ſouffrir vne partie
de la peine que ſouffrent ceux
qui par Arreſt ſont bannis de
leurs pays, ſe reſolut de venir
voir l'appellante pour la diſpoſer
à le receuoir chez elle auec ſa
femme & ſes enfans : Ce fut,
MESSIEVRS, en 1630. ſur la
fin du mois de Iuillet, il trouua
que le temps & le regret que ſa
mere auoit eu de ſon abſence,
auoit adoucy ſon eſprit, &

qu'elle-mesme le conjura de faire ce dont il estoit venu la sup-
plier; de sorte qu'il retourna en
Sauoye pour emmener en Anjou
ma partie & ses enfans ; mais
aussi-tost qu'il fut arriué à la
ville de Moustiers, la contagion
qui auoit presque tout depeuplé
la Ville , le contraignit de se retirer promptement en vne maison que ma partie auoit aux
champs , où à peine eut-il demeuré quatre iours , preparant
son retour en France, que lors
qu'il estoit à la veille de son par-
tement , il fut frappé de la contagion , qui en six iours le preci-
pita dans le tombeau.

Et dulces moriens reminis-
citur argos.
Virgil.
lib.
Æneid.

Dans cette maladie la plus

dangereuſe de toutes, qui n'eſ-
pouuante pas moins ceux qu'elle
eſpargne que ceux qu'elle tuë,
qui ne pardonne ny à l'âge, ny
au ſexe, ny à la vertu, ny à la
grandeur, qui peint dans tous
les eſprits l'image d'vne mort
preſente, qui fait que le pere
abandonne ſes enfans, les enfans leur pere, le mary ſa femme, & la femme ſon mary, qui
ſemble meſme excuſer leur ſuit-
te, parce que ſa furie enſeuelit
ſouuent le Medecin auec le malade, & expoſe ceux qui l'aſſi-
ſtent au danger de mourir ſans
aſſiſtance. Dans l'horreur de ce
mal ſi effroyable, ma partie,
MESSIEVRS, fit voir vn effet
de l'amitié conjugale, elle ne
quitta iamais ſon deffunct mary,
quoy que tout le monde l'eut
abandonné, elle le fit enfermer
dans

dans la chambre, où elle se resolut de l'assister iusques à ce
que la mort le vint arracher
d'entre ses bras, & la contagion
toute effroyable qu'elle est, ne
peut estonner son affection, ny
refroidir son courage, elle pensa
son corps, elle consola son esprit, elle adoucit ses douleurs,
elle eut soin de sa conscience,
elle recueillit ses derniers souf-
pirs, elle luy ferma les yeux,
triste ministerium. La nature fut
vaincuë, mais l'affection ne le
fut pas, la maladie borna les années de deffunct du Bail, mais
elle ne pût borner l'affection ny
l'assistance de sa femme, elle ne
se contenta pas de l'auoir secou-
ru pendant sa vie, elle voulut
encore luy rendre des deuoirs
apres sa mort, elle l'enseuelit
elle-mesme, ses cendres luy

furent auſſi cheres que luy auoit
eſté ſa perſonne : N'eſt-ce pas la,
MESSIEVRS, vn effect & vne
marque puiſſante d'vne amitié
legitime, c'eſt à elle ſeule que
les chef-d'œuures de generoſité
ſont reſeruées : *Il n'y a que l'a-*
mour honneſte, dit vn Ancien,
qui faſſe deſirer d'eſtre pluſtoſt joint
par la mort, que ſeparé par la Vie.
Il n'y a que la vertu qui produi-
ſe des actions heroïques, le vice
n'en eſt pas capable, car ſelon la
doctrine d'Ariſtote, *on ne peche*
iamais, & principalement en amour
que par vn trop grand amour de
ſoy-meſme; De ſorte qu'il eſt indubitable qu'vne femme impu-
dique s'aymant mieux que toutes les choſes du monde, qui eſt
eſclaue de ſes plaiſirs, n'iroit pas
s'expoſer au plus grand de tous
les dangers; & encore pour vne

perſonne qu'elle conſidere comme deſia morte, elle ayme les
viuans & non pas les morts, elle
ceſſe de bruſler pour celuy qui
n'eſt plus en eſtat de brûler pour
elle, elle ayme pluſtoſt le ſexe
que la perſonne. C'eſt pourquoy, MESSIEVRS, ce n'eſt
que dans le mariage qu'vne femme s'expoſe à tous les dangers
de la peſte, pour aſſiſter vn homme mourant, que l'apprehenſion
qu'elle a pour luy eſtouffe la
crainte qu'elle deuroit auoir
pour elle, qu'elle veut au peril
de ſa vie accompagner de ſes
larmes les douleurs de ſon mary,
meſler les ſouſpirs de l'amour
auec les gemiſſemens de la maladie, & faire auoüer à tout le
monde que quelque violente
que ſoit la contagion, elle l'eſt
moins que l'amitié conjugalle:

Mais elle voulut encore faire
voir qu'elle l'est moins que l'affection maternelle, car ses trois
petits enfans ayans esté frappez
du mesme mal, quelque temps
apres elle eut encore assez de
courage pour leur rendre la mesme assistance qu'elle auoit rendu
à son mary, elle en perdit vn &
sauua les deux autres. C'est ainsi
qu'ayme vne mere qui est deue-
nuë legitime, celle qui a conceu
dans le crime a d'ordinaire peu
de passion pour ses bastards, elle
regarde ses enfans comme le
fruit d'vne amitié tres honneste,
celle-cy regarde les siens comme l'effect d'vne prostitution
infame ; celle-là honnore dans
ses enfans la fecondité de son
mariage ; celle-cy deteste dans
les siens la fecondité d'vn crime ; celle-là considere ses enfans comme les tesmoins viuans

de la benediction que Dieu a versé sur elle, celle- cy regarde les siens comme les tesmoins viuans de son impudicité, celle-là regarde ses enfans comme l'accomplissement de ses vœux & de ses prieres, celle-cy regarde les siens comme l'ouurage que la nature a produit contre ses vœux & ses desirs. Ainsi, MESSIEVRS, cette affection ardente d'vne femme & d'vne mere, fait bien voir que le mariage luy auoit donné ces deux qualitez, il n'y a que la grace du Sacrement qui inspire ces generositez extraordinaires : Apres toutes ces raisons, ie ne pense pas qu'on puisse douter de la validité de ce mariage. Ainsi l'appellante voyant bien qu'elle ne sçauroit faire declarer ses petits enfans bastards, elle s'est ef-

forcée de les faire paſſer pour
eſtrangers ; en l'vn elle veut
qu'vn homme marié n'engen-
dre pas des legitimes, en l'autre
elle veut qu'vn pere n'engendre
pas des fils ; elle objecte que ſon
fils eſt allé demeurer en Sauoye,
qu'il y a pris femme, qu'il y a
pris vn Office, qu'il y a eſtably
ſa fortune, qu'il y a demeuré
quatre ans, qu'il y eſt mort, que
ſes enfans y ſont nez, & que
c'eſt le lieu de la naiſſance des
enfans qui regle leur origine, &
non pas l'origine de leur pere.
Voicy, MESSIEVRS, en effet
vne ſeconde cauſe beaucoup
plus celebre que la premiere, &
pour la traiter ſuccinctement, ie
la diuiſe en deux poincts. Au
premier, j'ay à montrer que du
Bail n'a point ceſſé d'eſtre François, quoy qu'il ayt demeuré en
Sauoye. Au deuxieſme, j'ay à

faire voir que ſes enfans, quoy
que nez hors de France, ſont
auſſi François. Pour le premier
poinct, que du Bail n'a point
ceſſé d'eſtre François, quoy qu'il
ſoit demeuré en Sauoye : Ie dis
qu'il eſt indubitable qu'il n'a
point eu d'autre deſſein ſortant
de France, que d'aller voyager
en des pays eſtrangers, & principalement en Italie ; il eſtoit
jeune, tous ſes parens, tout ſon
bien eſtoit en France, il n'auoit
aucune habitude en Sauoye, il
y va neantmoins ? Peut-on croire autre choſe, ſinon qu'il auoit
enuie de voir le pays, qui ne
ſçait que ce deſir ſemble naturel : *L'eſprit humain,* dit Seneque,
eſt actif & inquieté, il eſt impa-
tient du repos & amoureux de la
nouueauté, il tire ſon origine du
ciel, & reſſemble aux Aſtres qui y

font en vn perpetuel mouuement.

Ne voyons-nous pas tous les iours que cette agitation natu-relle porte l'homme à aller cher-cher hors de sa patrie , ou de nouueaux objects de son admi-ration , ou de nouuelles lumie-res à ses connoissances , ou des nouueaux champs à ses com-bats , ou de nouueaux exercices à son trauail , ou de nouuelles espreuues à sa vertu , ou de nou-uelles esperances à sa fortune : Il n'y a personne qui ne iuge que du Bail n'auoit point eu d'autre intention en sortant de France, que d'aller voir des choses qu'il n'auoit point veu , & s'attacher quelque temps au premier em-ploy aduantageux , de passer deux ou trois années , plus ou moins, parmy les estrangers , & d'imiter en suitte ceux qui naui-

gent, qui apres vne agreable na-
uigation ſouhaitent de voir le
port d'où ils ſont partis la premiere fois, le cours de ſon voyage le porta dans Chamberry, le
hazard dans la connoiſſance du
premier Preſident de Martault,
& de la rencontre de ma partie
qui demeuroit dans le logis meſme, dans le mariage qu'il con-
tracta auec elle iamais homme
n'eut moins deſſein que du Bail,
il n'y a rien de premedité en tout
cela; mais l'amour legitime qu'il
conceut pour l'intimée, a eſté la
plus fortuite de ſes auantures; Il
naſquit de la conuerſation pluſtoſt que du choix, & du Bail
pourroit dire de ma partie ſa
femme, ce que cét Eſtranger
diſoit à la ſienne dans vne Epi-
ſtre Grecque qui eſt excellente.
Ie n'auois que le deſſein d'vn voya-

geur, de voir beaucoup de choses &
de n'en aymer point : j'auois resolu
de retourner en mon pays aussi libre
que i'en suis sorty ; mais puisque
vostre compagnie me promet toute
sorte de felicité, i'ayme mieux retourner moins libre & retourner
plus heureux , vous ne deuez pas
reietter mon esprit ny mes yeux
comme estrangers , ils sont non seulement citoyens, mais suiets naturels de la vertu & de la beauté.
Qu'à donc fait du Bail, MES-
SIEVRS, il est allé voyager? Y
a-t'il quelque Loy en France
qui le deffende, n'est ce pas vne
liberté publique digne du plus
grand Roy du monde, & qui
porte la Couronne de liberté &
de gloire : Les François sont
d'vne humeur trop genereuse &
trop violéte pour estre restraints
en France ; si les montagnes &

les riuieres ne peuuent arrester
leur valeur, on ne doit pas trouuer estrange, si elles ne peuuent
borner leurs curiositez. Il suffit
qu'ils n'aillent point chez les
Ennemis de cette Couronne, &
auec lesquels elle ait la guerre,
il y auoit paix en 1623. que partit du Bail entre la France & la
Sauoye. Parmy les Romains, le
droict de retour n'auoit point de
lieu entre les peuples libres &
confederez, les vns & les autres conseruoiët mutuellement
leurs libertez & leurs biens dans
les païs de leurs alliez. Il est vray
que depuis l'an 1625. la Paix a
esté rompuë entre le Roy & le
Duc, mais puisque nos victoires rendirët les Sauoyards François, *illos fecit victoria ciues*. Elles n'auoient garde de rendre
Sauoyards les François qui

estoient en ce pays, l'alliance a
esté renouuellée depuis auec la
Sauoye, & soit qu'elle continuë
de reuerer la Majesté du plus
grand Empire du monde, soit
qu'elle ayme mieux la guerre
que nostre amitié, il nous sera
tousiours libre d'y aller, comme
il estoit à deffunct du Bail, ou
d'habiter cette Prouince, ou
comme alliée, ou comme con-
quise. La seconde chose qu'à
fait du Bail, a esté de prendre
vne estrangere pour femme. Y
a-t'il encore en France quelques
Loix qui le deffende, il y en a
eu autrefois à Sparte, il y en a
eu autrefois à Rome, appellé la
Loy *Manlia*, mais elle fut abolie
par les Empereurs Valantinian
& Valence, *qui ne deffendoient
les mariages qu'auec les Barbares,
comme il n'estoit deffendu parmy les*

Iuifs, qu'auec les Estrangers qui estoient Payens, ainsi que le disent les plus sçauans des Hebreux, & les plus doctes Interpretes de la Bible. Les Loix de cét Estat refusent les effects ciuiles, & condamnent le doüaire & la comunauté aux femmes qui sont estrangeres, mais elles autorisent les mariages; du Bail n'a dõc rien fait que de legitime. On m'objecte qu'il a eu dessein de passer toute sa vie en Sauoye auec sa femme & ses enfans, & comme peut-on dire cela, puis qu'il amena sa femme en France aussi-tost qu'il fut marié & que Dieu le retira du monde lors qu'il estoit sur le point d'y venir passer ses iours, apres cela presumera-on qu'il ayt renoncé à sa patrie; ne seroit-ce pas ignorer la force de ces chaisnes indisso-

lubles dont nous sommes liez
vers le païs qui nous a donné le
nom & la condition dans nos
anceſtres , dans noſtre pere &
dans noſtre mere , la ſource de
noſtre vie , qui renferme dans
nos biens vne partie de noſtre
fœlicité, dans nos parens & nos
amys vne partie de nous meſme.
Adab qui eſtoit de la race de
Dauid s'eſtant refugié en Ægi-
pte, & Pharaon qui eſtoit Roy
l'ayant fait vn des plus grands de
ſon Royaume , le deſir ſi naturel
de reuoir ſa patrie , le porta à demander au Roy de retourner en
ſa terre , Berſelay ayma mieux
le contentement d'aller mourir
en ſa terre & d'eſtre enſeuely
auec ſes peres que le beau ſejour
de Ieruſalem & toutes les pro-
meſſes de Dauid. Phalaris le plus
cruel des tyrans , proteſte que

fon Sceptre n'a point de dou-
ceurs capables de le confoler de
fon exil. Apollonius efcrit à fon
frere , que bien que hors de fa
patrie on l'eftime efgal aux
Dieux & quelques-vns mefme
le croyent vn Dieu , il n'ayme
rien tant neantmoins qne fon
païs , ou on ne connoift point fa
naiffance , ou on admire point
fon efprit. Croira-t'on , M e s-
s i e v r s, que du Bail ayt oublié
dans vne condition des-auanta-
geufe , ce qu'vn Prince n'a pas
oublié dans vne fortune Royale;
croira-t'on qu'vn François n'ayt
peu quitter des incommoditez
pour retourner viure en fon païs
& demeurer auec fes parens qui
eftoient viuans? & qu'vn Iuif ayt
peu quitter la faueur d'vn grand
Monarque pour aller feulement
mourir dans le fien & tenir com-

pagnie à ſes anceſtres enſeuelis?
croira-t'on qu'vn particulier ayt
eu pour indifferent ce qu'vn ty-
ran à eu plus cher que ſa propre
tyrannie? croira-on qu'vn homme moderé ayt ceſſé d'aymer ce
que le plus ambitieux des Philo-
ſophes qui a trompé vne partie
de la terre pour ſe faire croire
plus diuin que le Seigneur, n'a pas
laiſſé d'aymer dauantage que la
fauſſe reputation de diuinité qu'il
auoit acquiſe auec tant de peine.
Ouy, mais dit-on du Bail auoit
ſujet d'aymer la Sauoye par ce
qu'elle luy donnoit dequoy viure. Platon reſpond elegamment
à vne ſemblable objection. *Ceux
qui viuent dans leurs patrie ſont
nourrys par la mere qui les a fait
naiſtre, ceux qui viuent dans vne
terre eſtrangere ſont nourrys par
vne maraſtre qui ne leur peut donner*

ner la vie, que l'on ne compare
donc point vne terre eftrangere
auec la terre naturelle, vne ma-
raftre auec vne mere, quatre ans
de fejour en l'vne, auec vingt-
cinq années de fejour en l'autre,
le lieu de la naiffance de fa
femme auec celuy de la fienne
propre, la ville ou on a efté
marié auec celle ou on eft deuenu homme, la prefence de fes
alliez auec celle de fes parens, la
Sauoye auec la France. On
m'objecte qu'il a pris vn office
pour ce qu'il a efté Regent dans
le College de Moutiers, mais
qui ne voit que cette objection
n'a point de valeur, que ce n'eft
pas vn office qui releue du Prince & du Magiftrat, c'eft vn fim-
ple exercice d'vn homme de lettres ou les eftrangers font reçeus auffi bien que les citoyens,

car la plus part des Vniuerſitez
de l'Europe reçoiuent les eſtrangers qui y enſeignent les lettres
humaines L'empire des ſciences
n'eſt point borné par les mon-
taignes ny par les mers, & nous
voyons qu'en l'Vniuerſité de
Paris ou eſt le ſiege de cét Empire, il ny a non plus qu'autréfois
à Rome que les barbares & les
ignorans qui paſſent pour eſträ-
gers.   On vient de m'objeſter,
MESSIEVRS, pour marque que
du Bail auoit renoncé à la France ſa patrie: que ce fut luy qui
en 1630. fit la harangue publique au Roy lors qu'il entra dans
la Ville de Moutiers comme ſi
c'eſtoit eſtre mauuais françois
que de teſmoigner publiquement à ſon Roy lors qu'il fait ſon
entré dans vne Ville eſtrangere
qu'il a conquiſe, la joye qu'on

reçoit de sa conqueste. Du Bail,
M E S S I E V R S , eut cet honneur
& ce contentement si souhaita-
ble à vn françois, qu'apres auoir
preuenu de ses vœux & de ses
prieres les victoires de son Prince, il accompagna les triomphes
de sa voix & de ses éloges, & le
seul regret qu'il eut en cette
action publique, fut qu'il n'a-
uoit pas à parler de la reduction
de tout le Piedmont aussi bien
que de celle de la Sauoye ; pou-
uoit-il receuoir vn plus grand
contentement dans le déplaisir
qu'il auoit d'y demeurer ; que de
voir la France victorieuse ? que
d'esleuer luy-mesme des trophées à la valeur de sa nation ?
que de voir le lieu de son exil
deuenir vne Prouince de sa patrie ? que d'auoir part à l'honneur des Conquerans, & de voir

les françois estimez maistres où
ils n'estoient pas seulement citoyens. Ainsi, MESSIEVRS,
cette action de du Bail n'est
qu'vne marque de l'affection
qu'il auoit pour sa patrie ? il n'a
point pris d'office en Sauoye ?
qui a-t'il donc fait, il y a demeuré quatre ans, on a iamais ouy
dire qu'vn François cesse d'estre
François s'il demeure quatre ans
en Sauoye ? vn Sauoyard cesse-t'il
d'estre Sauoyard s'il demeure
quatre ans en France ? le lieu où
nous demeurõs nous donne-t'il
quelque qualité naturelle ou ciuile. Aristote dit dans ses Politiques, que *le lieu est si peu consi-*
derable, qu'il y peut auoir deux Re-
publiques dans vne mesme enceinte
de murailles, pource, dit-il, que
c'est la forme du Gouuernement,
l'ordre des Loix & des Ordonnan-

ces , qui establit vn estat & non
pas l'assemblée de plusieurs personnes en vn mesme lieu. De sorte
que si quelques-vns de ceux qui
demeurent ensemble n'obser-
uent pas les mesmes Loix, ils ne
sont pas citoyens & ne viuent
pas en mesme societé publique?
Or il est indubitable que les
François & les autres Peuples
qui sont parmy les estrangers,
ne viuent pas sous leurs Loix, ils
ne reconnoissent que celles de
leurs païs, ils ne se sousmettent
pas volontairement aux autres,
elles n'ont point de Iurisdiction
sur eux. Du Bail n'a iamais reconnu d'autres Loix que celles
de la France, les Loix ne ref-
semblent pas aux arbres , qui
par la disposition du droict cef-
sent d'appartenir à celuy qui les a
planté lors qu'ils iettent des racines

dans le fond d'vn autre, & *se
nourrissent en sa terre.* L'homme
ne quitte pas ses inclinations en
quittant le lieu de son origine,
la nourriture de son corps ne luy
oste pas les qualitez naturelles,
il ne change ny de Patrie ny de
Roy en changeant de terre &
de Soleil, il ayme par tout son
païs, il aduoüe par tout son
Prince: L'ame, *qui est l'homme
toute entiere*, selon Platon, *ou la
plus noble partie*, selon Aristote,
n'est pas sujet à la difference des
climats; Vn François est François par tout, le droit de sa naif-
sance le suit tousiours, *il ne le
sçauroit perdre*, disent les Docteurs, *quand il seroit mil ans dans
les pays estrangers*, pource qu'il
n'y renonce pas formellement
en prenant des lettres de naturalité; & quand mesme il y au-

roit renoncé, il luy eſt touſiours
libre d'y retourner. La Patrie
eſt vne bonne mere qui reçoit
touſiours ſes enfans de quelques
coſtez qu'ils viennent, & quelque temps qu'ils l'ayent oublié,
du Bail a-t'il pris des Lettres de
naturalité en Sauoye? il n'y a iamais penſé, à Rhodes, à Athenes & à Sparte, le droit de Bour-
geoiſie qu'on prenoit dans vne
autre Republique, n'empeſchoit
pas que l'on ne conſeruaſt celuy
que la naiſſance auoit acquis.
Les Romains ont eſté plus ſcru-
puleux, ils ont voulu qu'vn
homme ceſſa d'eſtre citoyen Romain lors qu'il reuiendroit de
quelque Ville eſtrange ; &
ainſi l'Orateur dit, *que les Ro-*
mains qu'il auoit veu ſages & Se-
nateurs de l'Areopage, eſtoient Athe-
niens & non pas Romains: Mais

H iiij

il faut (dit-il) se faire receuoir citoyen, c'est à dire dans nostre vsage , prendre des Lettres de naturalité ; autrement (dit-il) le sejour que nous faisons dans le païs estranger ne nous oste point la qualité que nous auons receu en naissant: *Ce droict (dit vn grand Personnage) est si auguste & si precieux, que sans commettre vn crime nous ne le sçaurions perdre si nous n'y renonçons formellement, la tyrannie des ambiteux, la fureur des guerres ciuiles, l'autorité des Magistrats, la force des Iugemens, toute la puissance du peuple Romain, ne le sçauroit arracher.* C'est pourquoy (dit-il) les citoyens qu'on enuoye dans les Colonies Latines ne deuiennent point Latins, si eux-mesmes ne donnent leurs noms pour estre enrollez; Ainsi par la disposition

du droiⱹ, les hostages qui de-
meuroient à Rome ne deue-
noient point citoyens, & leurs
biens estoient confisquez apres
leur mort, comme ceux des captifs, s'ils n'obtenoient le droiⱹ
de citoyens Romains, en ob-
tenant permission de porter la
robe à la Romaine: Ainsi l'Histoire Grecque nous apprend,
que *Pomponius qui estoit Romain
de naissance, qui fut surnommé At-
ticque, parce qu'il demeura quasi
toute sa vie à Athenes, refusa de
s'y faire receuoir citoyen, de peur
de perdre le droiⱹ de citoyen Romain.* Du Bail n'a point pris de
Lettres de naturalité en Sauoye,
il n'y a point pris d'Office, il n'a
pas vendu le bien qu'il auoit en
France, & par consequent il est
demeuré citoyen de France. Ie
viens maintenant au second

poinct, où i'ay à montrer que les
enfans de du Bail, qui n'a pas
cessé d'estre François, doiuent
aussi estre reputé François,
quoy qu'ils soient nez en Sauoye, si on a recours à la Iurisprudence Romaine, cette question ne reçoit aucune difficulté.
Vlpian dit, *Que la naissance fait
vn citoyen,* & pour l'expliquer
dit, *que celuy qui est né d'vn pere
& d'vne mere Campanois est Campanois :* Il adjouste, *que celuy
dont le pere est de Campaigne & la
mere de la Bruze, est aussi Campanois.* Voila l'espece de nostre
cause, le pere est François & la
mere est Sauoyarde, donc les
enfans sont François. L'Empereur Anthonin commande à
vne mere de faire pouruoir de
tuteur à ses enfans par les Magistrats de la Ville, d'où ils tirent

leur origine par la condition de
leur pere ; donc ny le lieu de
leur naiſſance , ny l'origine de
leur mere , ne ſont point conſi-
derez. L'Empereur Philippes
ordonne que les enfans ſoient
citoyens de la Ville, d'où leur
pere eſt originaire , & non pas
de celle d'où leur mere l'eſt ,
quoy qu'ils y ſoient nez , pourueu qu'ils n'y eſtabliſſent pas
leur domicile , apres l'autorité
des Loix Romaines nous pouuons auoir recours à ceux qui
ont traité cette queſtion ſelon
la politique de leurs païs. Cette
queſtion a eſté autrefois agitée
au Senat de Naples , & les opinions parties ; elle l'a auſſi eſté
au Parlement de Thoulouſe, &
le partage ayant eſté iugé au
Conſeil du Roy, il a eſté ordonné que les François nez en Eſ-

pagne ſuccederoient à leur pere
reuenans en France, & le meſme a eſté iugé par les deux Arreſts ſi celebres de Cauany & de
Mabile. Maiſtre René Choppin
tient cette maxime indubitable,
Maiſtre Iean Bacquet la ſuit,
à cauſe de la faueur des enfans:
Voicy en peu de mots les raiſons
ſur leſquelles elle eſt appuyée.
N'eſt-il pas plus raiſonnable de
conſiderer l'origine du pere qui
eſt naturelle, & qui ne ſçauroit
changer que ſon domicile qui
eſt fortuit , & qui peut changer tous les mois , les choſes
immuables ſont plus excellentes en ſoy , que celles qui
ſont ſujettes au changement :
Le droict des gens eſt plus excellent,
dit Ariſtote , que le droict ciuil,
parce qu'il eſt plus immuable , &
parce qu'il eſt plus conforme à la

nature, d'où vient qu'il n'y a rien en Dieu qui ne soit immuable, à cause qu'il n'a rien que de nature ; la meilleure Police, dit ce Philosophe, est celle qui est la plus conforme à la nature. Le droict d'aubaine est vn droict de Police de France, l'origine des peres est naturelle, le domicile est accidentaire, l'origine est immuable, le domicile est sujet au changement ; & par conse-quent, il vaut mieux considerer l'origine que le domicile. Outre cela, n'est-il pas iuste que le pere qui donne la vie & qui donne le nom à sa famille, donne aussi l'origine à ses enfans ; n'est-il pas plus raisonnable qu'vn Fran-çois engendre des François par tout, que non pas qu'il engen-dre des Espagnols : Si sa femme accouche en Espagne, ou vn

Sauoyard, si en Sauoye vn An-
glois, si en Angleterre, faut-il
qu'vn pere qui n'est que d'vn
païs ait des enfans qui soient de
diuerses nations ; & qui peut
douter que ce ne soit plus d'estre
nez d'vn François, que d'estre
nez seulement en France, que
le pere ne soit plus à son enfant
que le lieu où il vient au monde;
le pere luy est naturel, le lieu
luy est estranger, en l'vn est le
sang qui est François, en l'autre
il n'y a que l'air qui soit de France; Et c'est pourquoy Aristote,
au troisiesme de ses Politiques,
lors qu'il examine la deffinition
des Citoyens dit, *que quelques*
Philosophes ont estimé que celuy-là
est citoyen, qui est né d'vn pere &
d'vne mere citoyens, ou d'vn pere
seulement. Quelques autres ont
voulu que l'ayeul & le bisayeul

fuſſent auſſi eſté citoyens ; il ne
raporte aucune opinion de Phi-
loſophes qui ayent iamais penſé
à dire que celuy-là ſoit citoyen,
qui eſt né dans la Republique,
& ainſi on ne ſçauroit rien m'ob-
jecter, ſinon qu'il eſt certain dans
l'vſage du droict d'Aubeine,
que les enfans d'vn Sauoyard ou
d'vn Eſpagnol nez en France,
ſont reputez François & luy ſuc-
cedent : c'eſt vne grace de nos
Roys qui ont touſiours traités
fauorablement les eſtrangers à
l'exemple des Iuifs qui en a-
uoient vn precepte de la bouche
de Dieu meſme & à l'imitation
des Romains qui ont attiré non
ſeulement dans leur Empire,
mais encore dans leur Senat, les
plus grands perſonnages du
monde qui n'eſtoient pas nez
leurs Citoyens. Que s'il eſt be-

foin de confirmer par exemple
vne opinion fi puiffamment eftablie par ces raifons; l'Efcriture
Sainte appelle tous les Iuifs qui
n'acquirent en Babylone, *enfans
de la Prime*, c'eft à dire de la Iu-
dée & non pas de Babilone quoy
qu'ils y foient nez, & Bede en
apporte la raifon, par ce qu'encore qu'ils fuffent nez en Babilone, ils foufpiroient toufiours
pour le pays de leurs peres. Plu-
tarque rapporte que Pericles
ordonna, que ceux qui ne feroient pas enfans d'Atheniens
fortiroient d'Athenes, iugeant
par là que ceux qui eftoient enfans d'eftrangers n'eftoient pas
Atheniens quoy qu'ils fuffent
nez à Athenes. Quand Augufte
publia cét Edit fi celebre par
toute la terre, il ordonna dit vn
Hiftorien qu'on iroit pour faire
efcrire

escrire son nom en la ville d'où
on estoit originaire & d'où les
ancestres estoient venus & non
à celle d'où on estoit nez, & l'E-
uangile aussi nous apprend que
saint Ioseph alla en Bethleem
qui estoit vne Ville de la Tribû
de Iuda, appellée la Cité de Dauid, par ce dit saint Luc, qu'il
estoit de la maison & de la famille de Dauid. Enfin, Messievrs, par les Edits de paci-
fication *les enfans nez hors le
Royaume sont tenus pour François
sans lettres de naturalité, pourueu
qu'ils retournent en France dans
les dix ans* : & veritablement il
n'y a rien de plus fauorable que
des enfans qui demandent à suc-
ceder à leur pere, ils sont des
creanciers naturels, ils ont pour
titre leur naissance, & pour fondement de leurs debtes la vie

qu'ils ont receu , leur contract
est escrit dans les cœurs des peres & des meres , les aueugles
le lisent, les müets le publient ,
les sourds l'entendent , & les
barbares le reuerent ? que diray-
ie dauantage , les viuans dans
leurs seins & les morts dans
leurs tombeaux en demandent
l'execution : ce n'est pas estre
fort équitable que de le suiure,
mais c'est estre fort injuste que
de le violer. Pour le pouuoir faire iustement , il faut aussi que
toute la nature crie d'vn costé ,
toute la raison parle de l'autre ,
que l'interest du domaine de la
Couronne s'oppose à l'interest
du Sang & des familles que la
Majesté des droits du Roy soit
l'espée d'Alexandre qui coupe
le nœud gordien si indissoluble
qui attache les peres à leurs en-

fans : mais ſi les raiſons ſont eſ-
galles de part & d'autre, au lieu
qu'elles ſont toutes de noſtre
coſté, ne vaut-il pas mieux em-
braſſer la plus douce voye qui
conſerue vn lien ſi venerable
que cette inhumaine ſeuerité
qui veut que des enfans ſoient
eſtrangers à leurs pere, qu'ils
n'heritent de luy que des larmes,
cependant que les autres ſe char-
gent de leurs deſpoüilles. Vous
ayans monſtré, MESSIEVRS,
que ces petits enfans ne ſont ny
baſtards ny eſtrangers, ie n'ay
plus qu'à vous dire que l'appellante meſme les a reconnus
pour legitimes & pour François,
elle l'a fait, MESSIEVRS, par
par vne tranſaction paſſée entre
elle & les enfans de l'intimée, ou
méme elle s'eſt obligée de prédre
l'aiſné auec elle & de le nourrir

pendant sa vie : pourquoy donc
difpute - elle aujourd'huy ce
qu'elle a reconnu par efcrit, pour
ce, MESSIEVRS, qu'on luy
demande qu'elle rende compte
du bien de fon fils à ces enfans
qui reprefentent leur pere , elle ne tafche à les faire paffer
pour baftards qu'affin qu'ils ne
foienr point fes heritiers : mais il
ne fera pas dit qu'ils ayent perdu
les aduantages de la nature , par
ce qu'elle en a perdu le fenti-
ment ; qu'ils foient demeurez
illegitimes , par ce qu'elle eft deuenuë inhumaine & que ma
partie ne foit plus femme mais
concubine, par ce que l'appellante n'eft plus mere, mais mara-
ftre , ce ne fera pas la paffion de-
reglée, mais l'equité fouueraine
de la Cour qui fera la reigle de
fon Arreft, & elle confiderera

plus vne reconnoiſſance qui a
eſté vn effet de la verité, qu'vn
deſaueu qui eſt vn effet de l'auarice. Confirmez donc s'il vous
plaiſt, MESSIEVRS, vn ma-
riage iuſtifié par l'extraict des regiſtres des mariages, par le cer-
tifficat du Preſtre qui l'a celebré, par la declaration du mariage, par les Extraits Baptiſtai-
res des enfans, par la ſocieté
continuelle durant quatre ans,
par la reconnoiſſance meſme de
l'appellante : Quelles preuues
peuuent eſtre plus fortes, quelles raiſons plus inuiolables, ſi
elles paſſent toutes pour fauſſes,
ou en trouuera-t'on de veritables. Apres cela que me reſte-il à
vous dire, MESSIEVRS, ſinon
que l'aſſiſtance courageuſe que
l'intimée a rendu à ſon mary &
à ſes enfans, eſt encore vne mar-

que puiſſance d'vne verité ſi claire , elle s'eſt abandonnée elle-
meſme pour ne point abandonner ſon mary, elle a bien voulu
ſe perdre pour tacher de le ſauuer : faut-il qu'elle ayt beſoin
qu'on luy pardonne vne action ſi
loüable, & eſt-il poſſible, M e s-
s i e v r s, que la prouidence diuine l'ayt garantie d'vn ſi grand
peril, affin que le deſir inſatiable
de ſa belle mere la iette dans vne
ſi grande infamie : l'appellante
ſera-t'elle plus cruelle que la cõ-
tagion meſme, & l'intimée qui a
deffendu ſa vie contre celle-cy,
ne pourra-elle deffendre ſon innocence contre celle-là. Sa vertu ſeroit-elle point auſſi inuiolable à la plus injuſte de toutes les
paſſions, que ſa perſonne a eſté
à la plus inhumaine de toutes les
maladies, n'auroit-elle ſurueſcu

son mary qu'affin de le perdre
encore vne fois, elle penſoit que
le plus grand de ſes malheurs ſeroit d'eſtre vefue de deffunt du
Bail ! hé, MESSIEVRS, le plus
grand bon-heur qui luy reſte ,
c'eſt de pouuoir reſeruer cette
déplorable qualité , la meilleure
fortune qu'elle puiſſe pretendre
en cette cauſe, eſt d'aſſeurer la
plus funeſtes de ſes infortunes,
elle ne vous demãde point, MES-
SIEVRS, que vous la rendiez
h eureuſe , elle ne ſçauroit pas
l'eſtre apres la mort de ſon mary,
elle vous demande ſeulement
que ſon malheur ne ſoit point
honteux, qu'elle ne rougiſſe
point dans ſa triſteſſe , que ſes
larmes ſoient innocentes ; aſſeu-
rez, MESSIEVRS, l'honneur
à cette vefue, bien qu'eſtrangere, l'honneur & la vie à ces deux

petits enfans que vous voyez à
vos pieds dont l'innocence implore voſtre ſageſſe, la foibleſſe
voſtre authorité, les pleurs voſtre iuſtice , & la miſere voſtre
clemence. Qu'il ne ſoit pas dit,
MESSIEVRS, que ma partie
les ayt ſauué de la mort par ſon
aſſiſtance & par ſes ſoins, pour
les voir fleſtris de l'opprobre
d'vne origine honteuſe, qu'elle
les ayt empeſché d'eſtre la proye
de la peſte pour eſtre les victimes
de l'auarice, de mourir honne-
ſtement pour viure dans l'ignominie qui accompagne touſiours
les baſtards & d'eſtre le ſpectacle
de l'infirmité humaine pour eſtre
l'objet des maledictions de Dieu
& des injures des hommes, d'e-
ſtre au rang de ceux qui ne voyēt
plus le iour que pour eſtre au
nombre de ceux qui ne ſont pas

dignes de la lumiere, qu'elle n'ayt pas, MESSIEVRS, plus de sujet de pleurer leurs vies, qu'elle eut eu pour lors de pleurer leur mort, seichez la source des larmes de la vefue & des orphelins, & affermissez par vostre Arrest ce que Dieu à joint par le mariage, que la nature à vnie par la naissance, & que l'interest veut destruire par vne cruelle separation.

Fin du second Plaidoyer.

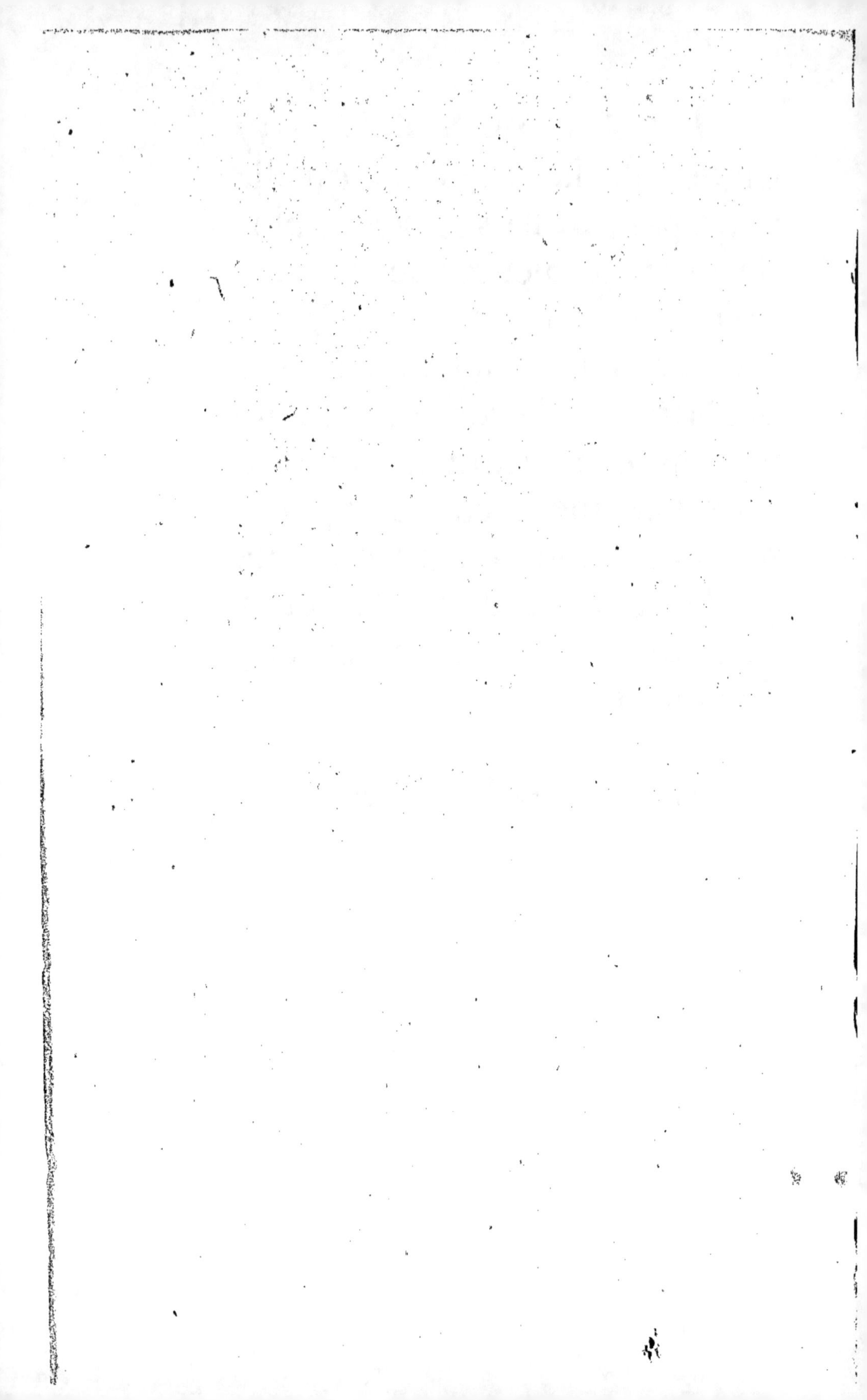

TROISIESME

PLAIDOYER,

Prononcé au Parlement.

ESSIEVRS,

Si c'estoit assez de naistre auec
le mal-heur pour estre coupable, si le crime d'vn pere ren-
doit les enfans criminels, si l'on
ne pouuoit venir au iour que
par les tenebres du peché ; & si
la Iustice nous pouuoit rendre
raisonnablement responsable

d'vne faute qui est faite auant
que nous fussions, i'aduouë,
MESSIEVRS, que les pretentions de nos parties aduerses seroient raisonnables, nos deffenses inutiles, & la condamnation qu'ils vous demandēt tres-
iuste & necessaire. Ils auroient
eu sujet de remuer les cendres
d'vn mort pour allumer le feu
de leur auarice, nous aurions
tort de vouloir rendre digne de
liberalitez ceux qui le seroient
de punition, & vous auriez
maintenant sujet de contenter
leur passion & de punir nostre
infortune. Mais parce que la
source de la vie n'est pas tous-
jours celle du vice, & parce que
la vertu naist quelquefois du
peché, la gloire de l'ignominie,
le merite & l'innocence de leurs
contraires, & que cõme les eaux

qui prennent leurs sources dans la mer n'en contractent pas touſiours l'amertume, mais dé-generent heureuſement des mauuaiſes qualitez de celle qui les produit, portant la douceur par tout malgré leur naiſſance: Auſſi ceux que le Ciel a voulu eſtre les effects du ſcandal, & les ouurages de la corruption, ne reſſemblent pas quelquefois à ceux de qui la nature les a fait les images, il faut qu'ils recon-noiſſent que leurs eſperances ſont ſans fondement, nos reſ-ponſes ſans difficulté, la rigueur à laquelle ils vous portent ſans raiſon & ſans exemple. Ils ne deuoient pas, comme ils ont fait, faire icy publiquement re-uiure leur oncle pour le faire par apres mourir plus honteuſemēt qu'il n'a veſcu; il falloit que le mesme tombeau qui auoit seruy à couurir son corps, seruit aussi à enseuelir ses crimes & ses abominations. Ils ne deuoient pas porter à la lumiere du iour les débordemens d'vn Prestre qui n'a iamais eu celle de la grace, il falloit que la mesme nuit qui auoit esté le tesmoin & l'occasion de ses impuretez en fut aussi le voile , & le cachast sous son obscurité. Ils ne deuoient pas resueiller en cette Audiance la memoire d'vn homme qui ne peut rendre la leur que pleine d'opprobre & d'iniure, il falloit donner à l'innocence de leur famille , l'oubly de celuy qui en auoit emporté l'honneur. Il falloit considerer en leur parent, quoy que separé de Dieu par ses vices , qu'il estoit lié auec eux par la nature, il falloit respecter

en cét oingt de Dieu la saincteté
de son caractere, quoy que tout
terny & tout effacé par des impuretez, il falloit espargner les
deux pour s'espargner eux-mesmes. Vous les auez entendu
neantmoins, MESSIEVRS,
porter leur insolence iusques
dans le Sanctuaire, planter le
des-honneur iusques dans le
sein de l'Eglise, vomir leur rage
contre leur propre sang, trauailler eux-mesmes à leur honte, & se rendre les instrumens
de leur confusion, vous les auez
entendu estouffer en vn Prestre
toutes les marques du Sacerdoce, mespriser en vn parent tous
les sentimens de la nature, deuenir volontairement les heritiers de son infamie pour se rendre ceux de son bien. Mais ie
puis dire que vous les auez veu,

MESSIEVRS, fairè la mesme chose que fit autrefois ce trop facile, mais trop ambitieux Roy de Perse Darius, lequel charmé par lavaine apparance d'vne inscription & d'vn tiltre trompeur, que Semiramis auoit à dessein fait grauer sur la lame de son tombeau, l'ouurir incontinent pour en tirer les richesses que sa trop grande credulité auoit fait l'object de ses esperances, & sa trop grande auarice celuy de ses desirs. Vous les auez veu entrer iusques dans le sepulchre d'vn mort pour y trouuer sa succession, troubler sa mal-heureuse ombre, pour emporter sa substance, condamner la memoire de sa vie, pour s'enrichir des despoüilles de sa mort. Nous esperons que leur auarice aura le mesme succez que la profane curiosité

curiofité de ce Roy, & que voftre Arreft fera la refponfe de
cette Reyne, vous leur refpon-
drez auec Semiramis, allez indignes des biens apres qui vous
refpirez, indignes de l'honneur
à qui vous renoncez volontairement, indignes du tiltre d'heritiers, puifque vous auez perdu
celuy de la nature. Vous auez
cherché le bien d'vn deffunct
dans fon tombeau, vous n'y
trouuerez que fes cendres &
voftre honte, vous auez efperé
trouuer l'eftabliffement de vos
maifons dans la ruine de fon
honneur, vous ne remporterez
que le regret de vous eftre inu-
tilement proftituez à l'infamie,
vous auez creu que c'eftoit affez
d'eftre les ennemis d'vn homme
pour eftre declarez fes heritiers,
vous apprendrez de la Iuftice

que ce n'est pas par des outrages
qu'on merite vne succession.
C'est auec regret que ma partie
demeure d'accord des veritez
dont on vous a parlé, & c'est
auec contrainte qu'elle preste
le ministere de sa langue à la necessité de ses interests, Elle fut
demeurée muette, si son silence
eut esté aussi peu dangereux
qu'il est honneste, elle n'eut pas
ouuert la bouche, si la deffense
de sa cause n'eut rendu sa parole
necessaire, elle eut regreté par
des larmes secrettes, les crimes
qu'elle est obligée de publier
par son discours. Elle tremble
quand elle songe qu'il faut
qu'elle aduouë qu'vn Prestre a
perdu toutes les marques d'vn
caractere qui ne s'efface point,
qu'vn homme que Dieu auoit
choisi pour son ministre & de-

ftiné pour fes autels, n'a iamais
feruy qu'à fes paffions, & facrifié
à fes voluptez, que celuy en qui
les Anges efperoient de voir
leurs vertus imitées en terre &
leur bon-heur partagé au Ciel,
en qui les hommes fe promet-
toient l'exemple de leur vie, en
qui Dieu mettoit l'ornement de
fon Tabernacle, a trahy le party
de ces bien-heureux pour s'attacher à fon corps, a efté l'horreur du Ciel, le fcandal de la
Terre & le des-honneur des
Temples : C'eft donc auec des
larmes qu'elle reconnoiftra les
abominations de ce Preftre, l'infamie des parties aduerfes, & le
mal-heur de ceux dont elles reprefentent aujourd'huy les perfonnes. Il eft vray que ce mal-
heureux de qui nous condam-
nons à prefent la vie, mais de

qui nous difputons aujourd'huy
la fucceffion, adjoufta vne concubine à l'efpoufe de Iefus-
Chrift qui deuoit eftre la fienne;
il eft vray qu'apres auoir trahy
la foy qu'il auoit donné à Dieu,
il obligea vne femme mariée de
trahir celle qui la lioit à fon mary ; il eft vray qu'il s'engagea
auec elle par fragilité, qu'il y
vefcut auec fcandal, & qu'il y
mourut peut-eftre auec mal-
heur. Ie n'ófe pas dire que Dieu
benift ce funefte accouplement
de la faueur d'vne lignée : C'eft
abufer de la chafteté de ces termes, qui ne font deus qu'à des
conjonctions que le Ciel auto-
rife, & que la Terre fouffre fans
rougir : Mais ie puis dire que le
peché fut fecond, & l'impieté
heureufe, puifque de cette féme
qu'il entretenoit il en eut enfin

vne fille nommée Legiere de
Montlaueant. Cette mal-heu-
reufe innocente, qui fe vit en
mefme temps dãs l'infamie que
dans le monde, & qui pouuoit
dire plus iuftement, mais dans
vn autre fens que le Pfalmifte,
In peccato concepit me mater mea,
apprit à tout le monde par fes
déportemens & par fa conduite,
que le vice de la naiffance ne
fait pas ceux de la vie ; fa mauuaife fortune luy deffendoit de
nommer fon pere, mais fa vertu
l'empefchoit de l'imiter, elle
vint au monde dans le peché,
mais elle n'y demeura pas ; elle
fut l'effet de l'impieté, mais elle
eut toufiours de l'auerfion pour
fa caufe. Enfin elle fut mariée
auec vn nommé Fiacre Cha-
brou, auec lequel elle deuint
mere de trois enfans, Laurent,

Marie & Ieanne Chabrou ; &
ce sont, MESSIEVRS, les trois
enfans que le deffunt a choisi
pour les obiects de sa liberalité , ausquels il a fait la donation que l'on conteste à present;
ce ne sont pas neantmoins eux
qui sont en cause, ils sont hors
d'interest , par le moyen d'vne
cession qu'ils ont fait de leurs
droicts, sçauoir Marie & Ieanne
à ma partie , & Laurent à celle
de l'Aduocat qui doit plaider
apres moy : De sorte, MES-
SIEVRS , que vous voyez à
quoy aboutit toute la question,
& que le different qui se presente, est de iuger si vn Prestre a
pû valablement donner aux enfans legitimes de sa bastarde.
Question, MESSIEVRS, en
laquelle j'ay cét aduantage de
pouuoir dire sans blesser l'Arrest

dont on s'est preualu, qu'elle est
encore toute entiere , & que
c'est vne querelle dont le Palais
n'a point iusques à present donné la decision. Or neantmoins,
quelque importante qu'elle soit
dans sa consequence , & quoy
qu'extraordinaire dans son espece , ie pretends la faire iuger
par la disposition d'vne seule
Loy. Ie sçay bien que la matiere qui luy sert d'objet est pleine
de doctrine fertile en antiquité
& toute feconde en raisons : Ie
sçay bien que ie pourrois dire
pour la doctrine que le Droict
Romain dans sa premiere pureté, & lors qu'il estoit encore
sans alteration , approuuoit les
donations, mesme a l'esgard des
bastards , toutes les pandectes
font foy de cette verité. *L. final.*
de iure de liberis, la Loy *Lucius de*

vulgari & pupillari subst. La Loy *naturali de firmand. tut. vel curat.* y sont precises & formelles, *naturali filio cui nihil relictum est tutor à patre frustra datur ergo aliquid relinqui potuit.* Oüy, MESSIEVRS, la Iurisprudence Romaine dans sa naissance estoit égale à tous ceux qui viuoient sous elle, elle ne faisoit point de difference entre vn pere naturel & vn pere legitime. Il est vray que cette liberté iuste dans vn pere de gratifier ses enfans, & raisonnable en vn homme de disposer de ses biens à sa discretion, a esté depuis par ✱✱✱✱✱✱✱ Mais aussi outre que la rigueur de ces Constitutions a esté depuis adoucie & moderée par celle de l'Empereur Iustinian, qui apporta cette liberté de disposer en faueur de ses bastards,

elle a esté encore entierement
abolie par ce mesme Empereur
dans ses Nouelles. De sorte
que les choses à cét esgard sont
retournées en leur premier principe, & que ce grand homme
qui a retiré le Droict Romain
du desordre où il estoit, la remis
dans le premier estat de son origine. Ie pourrois adjouster les
antiquitez, en les distinguant
en profanes & en saintes par les
premiers, que les donations à
l'égard des bastards estoient tel-
lemét permises dãs les premiers
temps, que pour marquer plus
precisément cette liberté, c'est
qu'elle s'estoit acquis vn nom
particulier ****** Par les se-
côdes, que les plus grands hommes de l'ancien Testament ont
eu ce mal-heur de naistre dans
l'infamie, mais aussi ont eu cét

aduantage de viure dans l'honneur chez les hommes, & dans
le credit enuers Dieu. Salomon
vint au monde auec cette tâche,
& neantmoins il fut l'object des
liberalitez de Dieu, l'object de
ses graces & de ses faueurs.
Iephté ce grãd Capitaine ne fut
pas plus heureux dans sa naiss-
fance, & neantmoins ce fut luy
sur qui Dieu se reposa dans la
conduite de son peuple, & à qui
il confia le soin de sa plus chere
nation. Ie pourrois encore en-
cherir sur toutes ces choses, &
dire par raison, que ceux que
nous nommons bastards sont
tousiours nos enfãs, quoy qu'in-
justes, sont tousiours nos ouurages, quoy que ceux de nostre foiblesse, tousiours l'object
de nostre affection, quoy que
ceux de nostre honte. Ie me

fuis rendu pere par le peché,
mais permettez-moy de conti-
nuer d'eſtre par vertu ce que j'ay
commencé d'eſtre par le vice,
ma fragilité m'a rendu pere,
mais ne fouffrez pas que voſtre
rigueur me rende parricide; les
Loix ne connoiſſent pas mes enfans, mais la nature les auouë;
ils me font honte, mais ils me
font pitié; ils couurent mon viſage d'opprobre, mais ils le re-
preſentent, ie reconnois en eux
les marques de mon crime, mais
j'y voy les traits de ma face; ils
des-honnorent ma maiſon, mais
ils en font la meilleure partie;
ie les ay conceu dans le peché,
mais ie ne puniray pas leur tâche, parce que j'en ſuis la cauſe;
ce nom de pere me fait rougir,
mais ce meſme nom me fait
trouuer de l'amour pour les ef-

fects de mon mal-heur & pour
les causes de ma confusion.
Apres vous auoir, MESSIEVRS,
estably toutes ces consideratiõs,
apres vous en auoir esleué le merite, ie pourrois en tirer des
consequences tres-auantageuses
à ma cause, & faire icy triompher la plus noble passion. La
Iurisprudence Romaine toute
austere & pleine de seuerité
qu'elle est, est sensible au mal-
heur des bastards, Dieu qui est
le vangeur des crimes les honnore & les cherit ; les Payens
dans les tenebres de leurs er-
reurs voyent en eux le tiltre
d'enfant, la raison & la nature
les rendent égaux aux legitimes, & nous qui viuons sous
des Loix toutes moderées &
toutes fauorables, qui ne sommes que les instrumens de cette

dïuine Iuſtice, qui ſommes eſ-
clairez de la lumiere de l'Euangile, & qui auons adjouſté la
douceur aux ſentimens de la
nature & la benignité à la force
de la raiſon, nous refuſerons aux
enfans legitimes des baſtards ce
qu'ils ont eux-meſmes obtenus.
Mais MESSIEVRS, ma cauſe
ſe ſouſtient trop puiſſamment
d'elle-meſme pour luy chercher
des appuis ſi eſloignez, elle eſt
trop ſolide dans ſon ſujet pour
eſtre celuy d'vne declamation,
trop pleine de veritables raiſons
pour n'eſtre deffédu que par des
conſequences. Ie dis donc en vn
mot pour la traiter dans ſes propres termes, & pour ne pas ſortir
de ſon merite. Supoſõs auec nos
parties aduerſes & leur donnons
cét aduantage, que les baſtards
ſont incapables de donations,
déportons-nous de la faueur du

droict ciuil, demeurons dans la
disposition de nostre coustume,
qui desapprouue cette liberalité. Ie soustiens mesme qu'en
ce cas les enfans legitimes des
bastards peuuent receuoir ces
donations qui sont deffenduës
en la personne de leurs peres, &
que comme le vice du bastard
ne passe pas iusques à eux, aussi
ne contractent-ils pas l'incapa-
cité qui en est l'effect. Ie n'ad-
uance pas cette proposition sans
fondement, j'en ay l'establisse-
ment exprez & precis dans cette Loy celebre, qui est la derniere au Cod. *de naturalibus libe-*
ris, & matribus eorum & ex qui-
bus causis iusti efficiantur. De laquelle si on n'eut point chágé le
sens & contraint les intentions
par des interpretatiós plus inge-
nieuses que solides, nostre different seroit terminé, mais par.

ce que l'on s'est induſtrieuſe-
ment efforcé d'alterer le vray
viſage, & d'en corrompre ſubti-
lement la naïfueté, ie ſuis contraint, Messievrs, de vous
la faire voir dans ſon naturel, &
de vous en dire les termes. *Cui-
dam qui iuſtum filium habebat ne-
pos acceſcit naturalis. Si nepotis
nomen huiuſmodi ſoboli legibus ac-
commodandum eſſet quærebatur.
Volebat enim tali naturali nepoti ex
ſuo legitimo filio iam defuncto pro-
genito totam ſuam ſubſtantiam relinquere, quaſi ſacris Conſtitutio-
nibus tantum modo in filijs naturalibus prohibentibus totum patrimo-
nium, ſiue quantam partem volue-
rit, eis relinquere, & certo fine
partes eorum concludentibus. ¶
Huiuſmodi autem dubitatio & in
alia dubitationis ſpecie ventilata
eſt. Quid enim ſi ex naturali filio*

nepotem habeat auus legitimum patri suo vel naturalem. ¶ *In omnibus itaque talibus dubitationibus cum nulla legitima consequentia: In huiusmodi personis custoditur, sed interuentu sobolis naturalis nullum ius legitimum subesse potest, vt necessitas relinquendi aliquid eis ex legibus immineat: Liceat eis quantum voluerint suæ substantiæ in eos conferre, scilicet nullâ legitimâ sobole subsistente filios enim naturalibus relinqui Constitutiones quantum voluerint ideo prohibuerunt, quia vitium paternum refrenandum esse existimauerunt. In nepotibus autem non eadem obseruatio in præfatis speciebus custodienda est, vti legitima soboles minime facit impedimentum. Ea enim subsistente, Veterum constitutionum tenorem in naturalibus filiis statutum & in nepotes extendimus.* ¶

Sed

Sed hoc in his tantummodo sanci-
mus, in quibus voluntate aliquid
consecuti sunt. Iura etenim ab
intestato in aui successionem nemini
eorum penitus appetimus: & hæc
non solum eis accedere censemus à
substantia aui paterni naturalis,
sed etiam proaui, vel eius cognatio-
nis: Siquis saltem huiusmodi voca-
bulum in tam degeneres homines
extendere maluerit. Et de faict,
s'il m'est permis d'entrer dans
l'esprit & dans l'ame de cette
Loy, qui a-t'il de plus iuste que
cette disposition prise dans les
termes de cette restriction, *nulla*
sobole legitima existente. La nature ne m'a point donné d'enfans, les Loix m'ostent ceux que
mon peché m'auoit donné? hé,
quelles me permettent pour le
moins que les enfans de ceux
que ie n'ose nommer les miens

entrent en la place de leur pere,
& que ie trouue en eux les heritiers de mon bien , puisque ie
n'ay pû rencontrer en ceux qui
les ont fait, que ceux de ma honte. Les Loix punissent ma fecondité, qui a esté criminelle,
& pour le moins qu'elles souf-
frent que ie profite de ces petits
enfans, puis qu'elle est legitime.
Ie n'ose tesmoigner à mes enfans que ie suis leur pere, parce
que ie ne deuois pas l'estre ? Hé,
qu'il me soit à tout le moins permis de le tesmoigner à leurs enfans, puis qu'il en ont vn qui le
pouuoit estre. Ouy, mais dit-on,
nous sommes bien esloignez de
ces termes, & nostre contesta-
tion est bien differente de celle
que vous establissez ; la Loy
parle des enfans simplement
bastards, & vous voulez esten-

dre sa faueur à des incestueux;
la Loy parle des enfans qui ont
vn pere, quoy qu'injuste, &
vous voulez l'obliger d'estre
douce à ceux qui n'en ont point
du tout, *spurios sine patre*. Voila,
MESSIEVRS, en peu de mots,
toute la cause de nos parties aduerses, voila toutes ses deffenses,
& ie puis dire que quand j'auray
ruiné cette distinction pleine
d'esprit, mais contraire aux maximes de droict & aux preceptes
de la Iurisprudēce, j'auray satis-
fait à tout ce quivous a esté plai-
dé. premieremēt s'il en faut croire le sentiment de ceux qui ont
trauaillé sur cette Loy,& s'il s'en
faut rapporter à leurs aduis, nous
auons ce celebre Docteur Iason,
qui sur le *ff. quid si eos*, traitant
cette question *ex professo*, la re-
sout notamment à nôtre aduan-

tage, & à la ruine ouuerte de noſtre partie aduerſe. Il ne ſe contente pas d'en dire ſon opinion, il adjouſte que c'eſt là Couſtume, & que ſi quelques Interpretes de peu de credit ont eſté d'vn aduis contraire, ils ont pluſtoſt empeſché qu'elle ne fuſt vniuerſelle que veritable. Mais MESSIEVRS, ne recourons point à ces Interpretes eſtrangers, puiſque la Loy s'explique d'elle meſme, & qu'elle nous eſclaire aſſez nettement de ſa volonté; car pourquoy eſt-ce qu'elle s'eſt renduë ſi fauorable aux enfans legitimes des baſtards, apprenons en la raiſon de ſes paroles. *Refrenatur paternum vitium*, en vn mot l'on punit le mal-heur des baſtards parce qu'ils ne ſont pas legitimes, il faut donc que l'on traite leurs

enfans plus benignement, puis
qu'ils le sont. Ie dis maintenant
tout de mesme, & demande à
nos parties aduerses, pourquoy
est-ce que les Loix ont de l'a-
uersion pour les enfans incestueux, pourquoy les traitent-
elles si rigoureusement, pourquoy les rend-elles incapables
des liberalitez de leurs peres;
c'est sans doute, parce qu'ils
sont infectez de ce vice d'inceste, parce qu'ils sont gastez de
cette honteuse tâche, c'est sans
doute, parce qu'ils sont incestueux. Or est-il, que de mesme façon que le vice de bastar-
dise s'arreste au premier degré,
le vice d'inceste s'y arreste aussi,
& comme le premier ne passe
point iusques aux enfans, le second aussi n'y paruient iamais;
par consequent le vice d'inceste,

estant le seul motif qui amene
les Loix à la porte des incestueux, il est absolument necessaire qu'elles finissent leur vengeance là où finist cette honteuse qualité, & que puisque les
enfans legitimes ne sont pas incestueux qu'elles les traitent,
autrement que ceux qui le sont,
refrenatur enim paternum vitium,
& c'est ma premiere response.
Ie passe à vne seconde raison, &
dis que cette difference que
vous voulez introduire aujour-
d'huy entre les enfans simplement bastards & les incestueux,
auroit peut-estre esté de mise
lors que les Loix ciuiles estoient
encore mal instruites des maximes du Christianisme, & qu'elles autorisoient le concubinage. En ce temps mal-heureux
qu'vne femme legitime & vne

concubine ne differoiēt en rien
qu'en leurs noms , en ce temps
que la prostitution passoit pour
vn mariage , & qu'on donnoit
des tiltres d'honneur aux effects
de l'infamie, en ce temps que les
concubines s'appelloient *vice
coniuges*, & leur honteuse conjonction *coniugia inæqualia*, vostre difference, dis-je , eut peut-
estre esté receuë & trouuée raisonnable ; il eut peut-estre esté
iuste de fauoriser les simples bastards plus que les incestueux,
puisque les premiers venoient
au monde par vn peché permis,
& que les seconds estoient les
effects du crime qui a tousiours
esté l'abomination des hommes ; mais maintenant que les
Loix sont plus Chrestiennes,
mais maintenant qu'elles ont
appris de l'Eglise de n'appeller

L iiij

plus legitime ce qui est criminel, mais à present qu'elles ne
reconnoissent plus d'autres con-
jonctiōs que celles dont I. C. est
le lien, mais maintenant que le
concubinage est aussi bien deffendu que l'inceste, il faut ne-
cessairement conclure, que
puisque la Loy traite benignement les bastards, qui sont les
effects du premier, son intention est de n'estre pas plus rigou-
reuse aux enfans incestueux, qui
sont les effects du second. Ie dis
en troisiéme lieu, que cette distinction imaginaire que vous
establissez, ne peut auoir d'autre fondement raisonnable que
cette celebre auth. *ex complexu
nefario* auth. par laquelle les incestueux, sont non seulement
declarez incapables de donations en proprieté, mais encore

exclus de celles qui ne vont qu'aux alimens. Or est-il, MESSIEVRS, que la rigueur de cette disposition n'est plus maintenant en vsage, & la France qui en cela suit la douceur du Droit Canon, en condamne l'inhumanité. Or est-il, que par le chapitre *cum haberet*, les incestueux sont receus aux donations d'alimens aussi bien que les autres bastards. Or est-il, que cette Loy *ex complexu* est abolie, & n'est plus rien que l'entretien des Escoles. Donc, il faut conclure que vostre difference n'est plus soustenable, puisque son seul fondement ne subsiste plus. Mais, MESSIEVRS, ie passe à vne quatriesme raison, que ie tire de cette troisiesme, à laquelle (sauf vos reuerences) ie ne pense pas qu'on puisse vala-

blement parer : car ie demande
à nos parties aduerses la Coustume de Poictou, qui est celle
qui doit regler la cause. Comme quoy traite-elle les simples
bastards, & comme quoy dif-
pose-t'elle des liberalitez qui
leur sont faites, infailliblement
l'on demeurera d'accord qu'elle
restraint les donatiõs qu'on leur
fait aux alimens & à la nourriture. I'entre maintenant plus
auant, & fais vne seconde demande; cette mesme Coustume
de Poictou qui traite ainsi des
simples bastards, comme quoy
en vse-t'elle enuers les incestueux, qu'elle est sur cela sa
disposition. Sans doute ceux
qui en sçauent la Iurisprudence,
reconnoistront que c'est vne difficulté dont elle n'a point donné de decision expresse au pu-

blic. Il faut donc pour conti-
nuer ce raisonnement, qu'elle
suiue en cela la Couſtume generale de France, puis qu'elle n'en
diſpoſe pas particulierement; il
faut donc qu'elle s'arreſte au
Droiſt Canon, qui eſt en cela
le Droiſt François, il faut donc
qu'elle permette de donner aux
inceſtueux iuſques aux alimens.
Vous preuoyez bien, M e s-
s i e v r s, où ie veux porter la
premiere partie de ſet argument, & que ie veux dire que
la Couſtume de Poiſtou eſt eſ-
gale aux baſtards & aux inceſtueux, & qu'elle ne reçoit point
de diſtinſtion. Que ſi cela eſt,
ainſi comme il eſt, ſans difficulté; que ſi, dis-ie, & les ſim-
ples baſtards & les inceſtueux
ſont également fauoriſez pour

les alimens , pourquoy est-ce
que les enfans ne le feront pas
pour la proprieté , pourquoy
est-ce que les donations pures
& simples estans permises à l'esgard des enfans legitimes des
simples bastards , elles seront
deffenduës à l'esgard des incestueux. I'adjouste, MESSIEVRS ,
vne derniere consideration, par
laquelle ie finis, & dans laquelle
j'eus pû dés le commencement
renfermer toute ma cause sans
luy faire tort , car ie dis accor-
dons à nos parties aduerses tout
ce qu'ils demandent, supposons
auec eux que les enfans incestueux sont incapables de toute
sorte de donation. Ie soustiens
mesme qu'en ce cas cela se doit
entendre des donations pures &
simples , & non pas de celles

dont les charges surpaſſent les
fruicts : Nous en auons vn excellent texte dans la Loy *ſi*
ſponſus au ſſ. de donat. inter vir. &
vx. eam demum intelligimus dona-
tionem quæ & donantem pauperio-
rem & accipientem facit ditiorem.
Les vrayes donatiõs ne ſont pas
mercenaires, le trafic & le commerce n'a point d'alliance auec
elles, & pour meriter iuſtement
ce nom, il faut que celuy qui
donne s'incommode ſans eſpe-
rance, & que celuy qui reçoit
ſoit accommodé ſans charge.
Or, MESSIEVRS, j'ay com-
muniqué à la partie aduerſe,
comme quoy ny l'vne ny l'autre de ces conditions ne ſe trouue dans la donation qu'il con-
teſte, & il a pû voir dans mon
ſac qu'elle eſt faite à la charge

& à condition que les dona-
taires nourriront le donateur,
& qu'ils acquitteront toutes ſes
debtes : Et partant ie conclud:

Fin du troiſieſme Plaidoyer.

QVATRIESME PLAIDOYER,

Prononcé au Parlement.

MESSIEVRS,

Vn jeu d'enfant fait vn procez & dans les actions de deux
personnes innocentes l'on veut
trouuer la matiere d'vn crime.
Pour cela, ou il faudroit blaf-
mer la nature qui ne nous fait
pas sages en naissant, ou les loix
qui desirent pour sujet à tout ce

qu'elles puniſſent vne volonté
determinée au mal par vne deli-
beration libre, laquelle ne pouuant venir que du iugement ne
tombe iamais dans l'enfant ny
dans le frenetique. Mais, M E s-
s i E v R s , ſi cette proposition
vous ſemble meſme eſtrange ,
qu'vn enfant puiſſe faire vn peché contre la loy : la ſeconde eſt
bien plus capable de vous eſtonner, quand vous entendrez que
l'on veut tirer en enuie le nom
de pere qui eſt vn nom de benediction , pour ſe couurir de la
honte de l'action de ſon fils, par
la meſme raiſon qu'Heleine
dans Euripyde imputoit à Hec-
cube la ruyne de Troye, dautant qu'elle auoit mis au monde
Paris, qui l'auoit rauie, & armé
toute la Grece pour la vengeance de cette injure : les enfans
respondit-

respondit-elle , viennent par
vne voye de generation que les
Dieux ont renduë necessaire
pour la reparation des choses
qui perissent , mais les mœurs
viennent de l'esprit que nous ne
faisons pas , & dépendent d'vne
inclination que celuy-là seul
peut empescher qui tient les esprits sous les ressorts de sa puissance. *Ferret ne*, disoit l'Orateur
Romain , *Ciuitas vlla latorem
eiusmodi legis vt condemnaretur
pater si filius delicuisset.* Au fait ,
MESSIEVRS , il ny a qu'vn
mot , au mois de Iuin de l'année derniere , l'enfant de l'appellante & celuy de l'intimé
pour lequel ie suis , s'estant ren-
contrez ensemble auec plusieurs autres petits enfans de
leur âge, joüant tous au jeu du
martinc , le fils de l'intimé

frappa d'vn baston fur vn mor-
ceau de bois pour l'enuoyer en
l'air, qui eft, MESSIEVRS,
toute l'adreffe & la dexterité de
ce jeu innocent, celuy de l'appellant fe prefenta pour le receuoir, mais par malheur il rencontre l'œil gauche de cet enfant pluftoft que la main , de
forte que de ce coup il a l'œil
creué. Voila, MESSIEVRS,
l'hiftoire veritable du fait comme il s'eft paffé , mais voila le
crime atroce & ce delit que l'on
a commis : cette action digne
d'vne fi grande punition à voftre
iugement que vous auez dit à la
Cour eftre plaine de tant de dol
& de malice, & ie m'eftonne
que vous vous foyez mis en peine en cette Audiance, ie ne dis
pas feulement de mettre en
auant des faits, mais ie dis d'in-

uenter à plaisir des faits pour le
souftient d'vne mauuaise cause;
j'auance hardiment cette proposition, dautant que si de tout
ce que vous auez dit en plaidant, vous auez preuue quelconque par escrit, j'abandonne
la cause, tant il est vray, M E s-
s i e v r s, que pour vous faire
paroistre cette action autre
qu'elle n'est, on a esté contraint
d'vser d'inuention & de déguise-
ment : mais ie pretend que
cette couleur recherchée peut
bien défigurer cette cause, mais
qu'elle ne la change pas demeu-
rant ce qu'elle est nonobstant
tous artifices. Cet enfant donc
estant blessé, l'appellant fait
conuenir l'intimé pardeuant le
Seneschal du Mayne pour les
dommages & interests de cette
blessure; l'intimé se deffend, &

ſur cette conteſtation eſt inter-
uenuë la Sentence dont eſt appel, par laquelle ſur les demandes & concluſions de l'appellante, les parties ſont miſes hors
de Cour & de procez: or ie ſou-
ſtiens que cette Sentence eſt
tres iuridique, ſauf la reuerence
de la Cour, & l'appellante non
receuable en ſon appel. Toute
la queſtion, MESSIEVRS, qui
ſe preſente à iuger en la cauſe,
ſe reſout en deux points principaux & fort ſommaires. Le premier eſt de ſçauoir ſi le fils de
l'intimé pour lequel ie ſuis, n'e-
ſtant âgé que de ſix ans ſeulement, a eſté capable de commettre vne action mauuaiſe &
qui merite peine; le ſecond, ſi
cet enfant vient à faire tort ou
dommage a autruy, ſi le pere en
doit reſpondre. Au premier

point, Messievrs, ie ne
m'arresteray pas long temps,
dautant que i'estime que l'opinion contraire à la mienne est vn
pur paradoxe de vouloir soustenir en cette cause qu'vn enfant
qui n'a que six ans; *Vne ame nais-*
sante, comme parle Aristote, *vn*
homme en esperance, comme l'appelle saint Augustin, vn enfant
qui ne voit pas ce qu'il fait, qui
fait ce qu'il n'entend pas, puisse
en soy auoir tous les degrez &
les principes de la malice qui
font vn crime. *Infantes,* dit vn
excellent Philosophe, *sensuum*
solum vsum habent, rationis au-
tem affectus tantum initia, ita vt
pena irrogari non debeant nisi
in eos qui delictum admittunt ex
proposito, condemnari crescentes
illæ animæ non possunt propter
quod nondum per ætatem intelli-

gent : c'est là, Messieurs, la
faute de ces petites creatures,
c'est en ce point que l'on doit
mettre toute leur peine & leur
punition dans l'impuissance, &
la foiblesse de leur ame laquelle
est encor en vne trop grande ca-
ptiuité dans le corps pour auoir
vne liberté dans ses actions : *cette
ame d'vn enfant souffre vne dure
seruitude*, dit Origene, *elle est
mise en interdiction pour vn temps*
dit le mesme Auteur, *elle est en
estat d'vne personne exilé pendant tout le temps de l'enfance*,
dit Mercure Trismegiste, *& elle
demeure en vne douleur & tri-
stesse continuelle*, dit saint Cy-
prien, *de se voir bannie du Ciel
son sejour ordinaire, & retenuë
dans vne terre inconnuë & estrangere. Quæris*, dit ce Pere de l'E-
glise, *cur statim in lucem editus*

*vagiat infans, cur flætus fundat,
vires conquæritur amiſſas,
poſt ſedes dolet exitum,* & à ce
propos permettez-moy, MESSIEVRS, s'il vous plaiſt que ie
rapporte vn exemple qui reſpond à ma penſé tiré de l'Hiſtoire Grecque, laquelle remarque
que Theogenes fut autrefois
banny de ſon païs, la rigueur de
ſon exil l'ayant priué de iugement & de raiſon, comme de ſa
patrie; vn iour il ſe trouua à des
Feſtes qui ſe celebroient au lieu
de ſon exil, ou il ne porta pas
l'honneur & le reſpect qui eſtoit
deu à telle ceremonie, il fut appellé en iugement, & luy eut on
fait ſon procez, ſi vn des Habitans du païs touché de pieté &
de douleur n'eut entrepris ſa
deffenſe & parlé aux Iuges de la
ſorte, *date iudices veniam Thea-*

geni, date lugendi tempus non dolo sed dolore Theagenes peccauit, legem nostram non contempsit sed ignorauit sacra nostra non violauit animus Theagenis sed animus exculantis: i'en puis dire, MES-SIEVRS, de mesme au sujet de cette cause, l'enfant de l'intimé pour lequel ie suis, semblable à tous les enfans de son âge & de sa condition est vn pauure banny, vn pauure exilé de son païs, si dans le temps il ressent de la douleur, dans les six premieres années qui ne sont, MESSIEVRS, à bien compter que six iours depuis son exil, il a peché & contreuenu aux Loix, *non dolo sed dolore peccauit,* si par malheur il a vne fois respandu du sang, pour cela il verse continuellement des larmes, donnez à cet enfant le temps de pleurer son bannis-

ſement & recouurir la raiſon,
donné quelque excuſe à ſa douleur durant laquelle s'il viole le
droit c'eſt ſans deſſein, s'il fait
vne faute c'eſt ſans malice, en
cét eſtat il peut bien bleſſer les
hommes, mais il ne peut pas offenſer les Loix, & s'il arriue qu'il
ſoit la cauſe de quelque accident déplorable; s'il tuë, s'il
fracaſſe, s'il meurtry, s'il creue
les yeux, s'il briſe des bras, s'il
rompt des iambes, ſes mains
peuuent bien rougir de ſang,
mais pour cela ſon frond ne rou-
gira pas, parce que dit vn Ancien *la honte eſt la ſatisfaction
que la nature ennemye des crimes
exige ſur le champ & à l'inſtant
meſme de l'acte d'vn homme qui
connoiſt ſa faute*, or ces eſprits
ne peuuent iamais faire cette
reconnoiſſance à la nature,

d'autant que quelque action
qu'ils puissent commettre, iamais ils n'estiment auoir failly.
De ces raisons, MESSIEVRS,
il s'ensuit que l'enfant de l'intimé, pour lequel ie suis, n'estant
âgé que de six ans seulement,
n'a point encore de volonté, ny
de liberté en ses actions, & partant point de dol ny de malice,
& consequemment point de
peine. Ie passe, MESSIEVRS,
plus outre, & soustiens qu'il ne
peut pour raison de l'action qui
a esté commise, y auoir de condamnation ny reparation aucune, ny contre le fils ny contre le
pere, pour deux raisons : La
premiere ie l'ay desduite à la
Cour, *illum innocentia consilij
tuetur*. La seconde raison se tire
du faict & de la cause mesme,
qui est que quand bien mesmo

cét enfant auroit esté plus d'â-
ge, & qu'il auroit agy auec plus
de iugement qu'il n'a fait, ie dis
que tousiours vous seriez sans
action, parce qu'il n'y a eu que
du mal heur tout pur, & de l'infortune desquels nul ne peut
respondre, & ie pense entierement satisfaire à toutes vos
plaintes & à toutes vos pretentions, par ce qui fut autrefois
respondu par l'Oracle de Del-
phe à vne femme Athenienne
qui poursuiuoit en Iugement la
vengeance de la mort de son
mary, que les gladiateurs auoiét
tué par imprudence aux Ieux
Olympiques ἔρει τῶν τέχναν γνώμη
δὲ τόν ζει *factum accusa mulier non
gladiatorem & si maritū tuum vul-
nerasse crimen est dij sunt nocen-
tes non is quem accusas.* Chan-
geons les noms de mere & de

femme, de fils & de mary, &
voila noftre Arreft. Que fi donc
vous n'auez aucune reparation
contre le fils, encore moins en
pouuez-vous pretendre contre
le pere; & c'eft icy, MESSIEVRS,
le poinct decifif de la caufe, auquel ie fouftiens, fauf voftre reuerence, & en vn mot, que
l'intimé pour lequel ie suis, eft
mal pourfuiuy par l'appellante
pour les dommages & interefts
de la bleffure de fon fils. La Loy
troifiefme au *Cod. de bonis præf-
criptorum feu damnatorum*, eft fort
à propos, & femble, MES-
SIEVRS, auoir efté faite exprez pour le fujet de noftre caufe : Il eft parlé d'vn fils de famille, lequel ayant commis vn
crime *in infulam deportari meruit*,
fes biens font confifquez, il
auoit vn *pecule caftrence*. L'on

demande si le sisque a droit de prendre ce pecule, & si le pere sera contraint de le bailler; & l'Empereur rescrit, *peculium patri auferri non debere*: ce sont ces termes, *si filius tuus cum esset, in tua protestate in insulam deportari meruit peculium eius nec quod in castris acquisiuit vel quod ei militaturo donasti auferri tibi debet.* D'où MESSIEVRS, il s'ensuit par vne consequence bien necessaire, que si par la disposition des Loix le pere ne peut estre contraint de respondre du fait & du meschef de son fils sur son pecule, qui est vn bien propre au fils & qui luy appartient, qu'à plus forte raison il n'en sera pas tenu sur ses biens mesmes, & en la Loy *si condemnatus au ff. de noxalibus.* Il est dit que si le fils de famille est condamné pour les dommages qu'il ait faits, que *iudicatum soluere debet qui etiam*, dit le Iurisconsulte Vlpian, *pater quoque post condemnationem filij de peculio duntaxat potest conueniri si consentiat.* Donc si le pere n'est obligé de son consentement de payer les fautes de son fils que *peculio tenus*, si le fils n'a point de pecule le pere n'en sera point tenu : Mais, MESSIEVRS, pour decider entierement ce poinct, & ne laisser aucun doute en sa cause, ie dis que tous les Docteurs du Droict qui ont traité cette question, l'ont resoluë en ma faueur, Balde, Bartole, Iason & Monsieur Cujas, l'ont clairement decidé sur la Loy 1 au *ff. si impubere abrogato* au *ff. de collatione bonorum,* & particulierement Bartole sur cette Loy ; & demande si le fils

qui eſt en la puiſſance du pere,
commet vn crime pour lequel
eſchet reparation: Si le pere la
doit payer, il reſpond que non,
fondé, MESSIEVRS, ſur cette maxime équitable & vniuerſelle des Loix que *legitima filÿ*
ſeparari non debet à bonis pater-
nis nec eſt eius ſpes viuo patre,
& ſur ce que l'on pouuoit dire
que le pere doit touſiours payer
pour ſon fils , ſauf à rapporter
par le fils ce qui auroit eſté payé
par le pere; la Loy reſpond que
cela ne ſe peut faire & qu'il ſeroit iniuſte, *quia eſſet ſpes prema-*
tura collationis , en cette Loy
bonorum : Et apres cela, direz-
vous qu'vn pere ſoit tenu des
fautes de ſon fils, ſouſtiendrez-
vous qu'vn fils de famille ayant
commis vn crime on ayt action
contre le pere pour les domma-

ges & interests, auez-vous Loy,
Statut, ou Ordonnance quelconque, qui porte cette proposition, que l'intimé doiue des
interests pour la blessure de vostre fils, & où auez-vous trouué
cette Iurisprudence, & dites-
moy surquoy, & où voudriez-
vous prendre les dommages &
interests par vous pretendus sur
le pecule du fils, il n'en a point,
c'est vn enfant en bas aage qui a
ses pere & mere viuans, qui n'a
aucuns biés, sur la legitime qu'il
peut esperer sur les biens de son
pere, la Loy le deffend & s'y
oppose, *esset spes prematura collationis* : Où donc les voulez-vous
prendre, & sur les biens de qui,
du pere, de son chef le pere ne
vous est point obligé, il n'a point
contracté auec vous, & partant
mal le poursuiuez-vous pour ce
regard,

regard , mais encore voyons fi vous auez raifon ou fondement quelconque , pour dire que l'intimé doiue de fes biens payer les dommages & interefts pretendus : Voulez-vous l'obliger à le faire , parce que l'action de laquelle il s'agift ayant efté commife au jeu , l'intimé n'a pas empefché fon fils de joüer. Il faut donc , MESSIEVRS , qu'vn pere empefche fon fils de viure, d'autant que nous pouuons bien dire & eft vray dans vn enfant de cét âge , que le jeu & la vie ne font qu'vne mefme chofe : Voulez-vous auffi l'obliger , parce qu'il eft pere de fon fils , *dura lex paternitatis* ! Hé quoy , vn fils donc qui aura du mal-heur , obligera vn pere qui toufiours a efté prudent & fage , vn enfant vicieux , mauuais , determiné

(ie le veux) ruinera donc par
vne seule action vn pere qui iamais n'en commit de mauuaise,
dura lex paternitatis, ie le repete
encore vne fois, ce sont les termes du sçauãt Origene, qui dit,
qu'il n'est pas iuste de contraindre le
pere pour le crime d'vn fils, parce
que, dit ce grand homme, *que*
si le pere donne la vie à son enfant,
il ne luy donne pas les mauuaises
habitudes qui suiuent sa naissance,
vitam pater habet fideicommissa-
riam, tous les peres tiennent la
vie de Dieu par fideicommis, à
la charge de la donner à leurs
enfans. Or comme ils la reçoiuent exempte & separée de toutes mauuaises qualitez ; aussi la
restituent-ils de la sorte, *ab ipso*
nempe factore, dit Mercure Trismegiste, *nihil malum , nihilque*
turpe , hæ quidem passiones sunt ,

generata sequentes opera, sicut æs rubigo animata corpora limis, at neque faber ferrarius induxit rubiginem neque animati corporis cænum ac sordes. Recõnoissez donc, que quoy que vous puissiez dire en vos demandes & pretentions, vous n'auez droit quelconque, si vous me dites qu'il y a quelques Couftumes particulieres de ce Royaume comme celle de Bretagne, & quelques autres qui difpofent que fi vn enfant fait mefchef le pere le paye, ie refpond que nous pouuons bien dire de ces Couftumes, ce que difoient les anciens de leurs Dieux particuliers, *qui ad alienas regiones non tranfibant.* Ces Couftumes que vous alleguez font Statuts odieux, contraires au droit public, & confequemment qui doiuent eftre reftrain-

tes & refferrées dans leurs terri-
toires, mais au contraire la Loy
eft toute vniuerfelle, nous en
auons des tiltres tous entiers,
ne filius pro patre, ne pater pro filio,
des maximes generales, *fuæ pœnæ*
fequentur authores & delicta cum
capite ambulabunt : Le pere n'eft
point tenu du faict de fon fils,
& ainfi vous l'auez iugé par vos
Arrefts, par vn Arreft donné en
cette grand' Chambre au mois
de Iuin mil fix cens trente-trois,
du tout femblable à noftre ef-
pece, par lequel fur les demandes de dommages & interefts
pre endus contre le pere d'vn
enfant qui auoit creué à fon
compagnon d'vn coup de pierre, non pas vn œil feul, mais tous
les deux, & qui depuis eftoit
decedé du coup, la Cour mit les
parties hors de Cour & de pro-

cez. Apres lequel Arreſt, que pouuez-vous plus dire en cette cauſe, voudrez-vous faire condamner vn pere que la Cour abſout, ferez-vous punir vn enfant, que les Arreſts de la Cour excuſent, enfin voudriez-vous pretendre des dommages & intereſts contre vn pere, lequel la Cour ne trouue point coupable. Ie reſpond, MESSIEVRS, à cette objection qui m'a eſté faite en plaidant & ie finis; ouy, mais dit-on, il y auoit des inimitiez grandes & capitales entre l'intimé pour lequel ie ſuis & noſtre partie aduerſe, l'intimé, dit-on, luy a touſiours voulu du mal, & partant il y a grande apparance de croire que cét enfant ayant creué l'œil à ſon compagnon, ſon pere l'a induit à ce faire : Ie reſpond, MES-

sievrs, à cette objection par
deux moyens bien prompts &
bien pertinents. Premierement,
ie dis que ie ne pense pas que
vous ayez pû mettre en l'esprit
ny en la creance de la Cour vn
fait si supposé & si imaginaire, &
pourrez vous bien vous persuader qu'vn enfant qui n'a que six
ans soit capable de vanger les
querelles de son pere. Il est vray
que les sentimens de la nature
sont bien puissants en vn fils,
quand il y va de l'interest d'vn
pere, mais d'autre part les forces
d'vn enfant sont bien petites
pour executer des passions de
vangeances, fussent-elles legitimes. Nature a bien appris à vn
enfant le mestier d'aymer, mais
non pas l'art de combattre: *scilicet*, dit élegamment Tertulien,
au liure qu'il a fait, *aduersus i*

dæos vagitu ad arma esset conuoca-
turus infans, & signum belli non
tuba, sed crepitacillo daturus: nec
ex equo, vel de muro, sed de nu-
tricis & gerulæ suæ dorso siue collo
hostem destinaturus. Comment
donc pouuez-vous dire qu'vn
enfant qui n'a point d'armes
combatte, qui n'a point d'ennemis offense, qui n'a point de
raison, & qui neantmoins auec
raison prenne part aux interests
d'autruy, c'est en quoy, sauf la
reuerence de la Cour, il n'y a
propos ny apparance quelconque. Et de plus, vous dites qu'il
y auoit des inimitiez capitales
entre vôtre deffunt mary & l'intimé, où auez-vous la preuue de
ce faict inuenté, voftre mary,
dites-vous, est mort d'vne cheu-
te qui luy fut causée par l'intimé en l'année mil six cens tren-

te-vn , estant sur le sœuil de la
porte de sa maison , l'intimé le
poussa rudement & le fit tomber
dont il mourut. Si cela est, vous
vefve n'auez-vous pas deu pour-
suiure la vangeance de la mort
de vostre deffunct mary , & où
est le procez que vous auez fait
faire à l'intimé , où est l'Arrest
de condānation , qu'auez-vous
obtenu contre luy , où y a-t'il
vne seule plainte que vous ayez
renduë dans vostre sac, que vous
m'auez communiqué , il n'y en a
pieces , actes , ny procedures
quelconques , vous estes donc
vefve bien indigne, d'auoir laissé
la mort de vostre deffunct mary
de la sorte : mais non , ne croyez
pas qu'on vous impute cette in-
dignité , ie vous deliure de cette
apprehension , & m'asseure que
la Cour croira plustost que ce

fait par vous mis en auant n'eſt
pas veritable, que de vous donner ce reproche. Vous auez,
MESSIEVRS, entendu les def-
fenſes de deux perſonnes en la
cauſe d'vn pere qui n'eſt point
coupable, & d'vn fils innocent,
tous les deux ſe iuſtifient de l'ac-
cuſation de l'appellante : L'vn,
MESSIEVRS, cherche ſes de-
fenſes dans ſes raiſons, l'autre
les puiſe dãs les faueurs & auantages de la nature, le pere, MES-
SIEVRS, vous a montré comme
ſon fils n'a point failly, le fils
vous dit que le pere n'eſt point
condamnable : Que ſi les Loix
diſent ſouuent que *filio parcen-*
dum eſt ob dolorem patris, que
voſtre Arreſt, MESSIEVRS,
ſoulage leur perſonne enſemble,
excuſez le fils pour l'amour du
pere, ne condamnez pas le pere

pour la confideration du fils,
tous les deux font dignes d'ex-
cufes. parce que tous deux ont
eu du mal-heur, n'ayans efté
punis par les Loix diuines & humaines, en l'Exode, chapitre 2.
Dieu parle en ces termes : *Qui
percufferit hominem volens occi-
dere, morte moriatur qui autem non
eft infidiatus, fed deus illum tradidit
in manus eius, conftituam tibi locum
in quem fugere debeat.* Et à ce propos, Philoftrate raconte *in vita
Apollonÿ*, que ceux chez les
Atheniens qui auoient commis
quelque acte de mal-heur, qui
auoient trempé leurs mains dans
le fang de l'homme fans deffein
& fans vangeance, qu'ils ne me-
ritoient aucune peine, & que
neantmoins pour l'horreur de
l'acte qu'ils auoient commis ils
deuoient s'abfenter quelque

temps de leur patrie & se tourner vers les Gymnosophistes,
ausquels ayant fait entendre
leur innocence & leur malheur,
ils estoient facilement absous,
puis retournoient en leurs pays
sans crime & sans peine, l'intimé, MESSIEVRS, que ie def-
fends en cette Audiance, fait le
deuoir d'vn bon pere & d'vn
bon citoyen, son fils a creué vn
œil, il a respandu des goutes de
sang le plus pur de l'homme, il a
destruit le plus beau chef-d'œuure de la nature, il confesse que
dãs cét acte il y a de l'horreur &
de la disgrace, quoy qu'il n'y ait
point de crime: c'est pourquoy il
s'en est venu à la Cour, & pense
en ce lieu trouuer autant de faueur comme ces Anciens pen-
soient en rencontrer chez les
Gymnosophistes; il pense, MES-

SIEVRS, qu'en ce Senat se trouue la vraye Gymnosophiste, laquelle estant composée de prudence singuliere de la Cour &
de l'innocence des parties , la
premiere de ces deux qualitez
luy donne des asseurances que
le mal-heur de l'action de son
fils sera connu ; la seconde ,
qu'elle sera excusée , & toutes
deux jointes ensemble luy font
esperer vn fauorable Arrest : Ie
conclud, &c.

Fin du quatriesme Plaidoyer.

HARANGVE

PRONONCEE

AV PARLEMENT,

SVR

LA PRESENTATION

des Lettres de Monsieur

SEGVIER, Chancelier

de France.

A PARIS,

Chez MICHEL BOBIN , au troisiesme Pilier de la grand' Salle
du Palais, à l'Esperance.

____

M. DC. LII.

Auec Priuilege du Roy.

APRES QVE LECTVRE

a esté faite en Parlement, le Ieudy dixiesme Ianuier 1636. l'Audiance tenant, des Lettres de Prouision de Monsieur SEGVIER en l'Office de Chancelier de France.

ANTOINE LE MAISTRE
A DIT;

MESSIEVRS,

Si c'est vne grande gloire à Monsieur le Chancelier , d'a-

uoir esté honnoré de la premiere charge de France par le plus
grand Prince de la terre, & vn
comble de bon-heur, d'y estre
receu dans cét auguste Parlement, où ses Ancestres & luy
se sont rendus si celebres : ce
m'est aussi vne heureuse occasion, d'auoir à loüer ces hommes illustres, deuant de si sages
Magistrats, & vn extréme aduantage, de rencontrer pour
Iuges de leurs loüanges, les tesmoins mesmes de leurs vertus. Car la connoissance que
vous auez de leurs rares qualitez m'oste l'apprehension, que
leurs éloges soient suspects de
flatterie, & que l'on m'accuse
de faire injure à la verité, pour
rendre des honneurs à leur merite. Ie ne dois pas estre en peine, MESSIEVRS, de persua-
der

der vos efprits, puifque les belles actions de ces grands perfonnages poffedent dans voftre memoire vne place fi éminente,
que les morts y viuent encore,
& que les viuans s'y font acquis
vne réputation immortelle. De
forte que l'eftime extraordinaire
que vous faites d'eux, ne me
permettant pas de craindre que
l'on me blafme d'excez, il ne
me refte que la peur de tomber
dans le defaut, & de ne pouuoir
rendre leur vertu auffi éclatante
auec des ornemens eftrangers,
qu'elle vous a paru jufqu'à prefent auec fes feules beautez naturelles. Mais j'ay cette fatisfaction, que ma foibleffe ne fera
point de tort à Mõfieur le Chancelier, ny à fes Predeceffeurs.
Si ie ne trace qu'imparfaitement
l'image de leurs glorieufes vies;

O

celle que voſtre ſouuenir vous repreſente en reparera les manquemens; Ces grands hommes trouueront dans vos penſées ce qu'ils ne peuuent attendre de mes paroles, & receuront de voſtre jugement vn honneur plus ſolide & plus durable, que le luſtre qu'ils pourroient receuoir des plus viues lumieres de l'éloquence.

Encore que la qualité de Miniſtre, & de premier Officier de la Couronne, ſoit plus releuée que toutes les charges du Royaume, Monſieur le Chancelier toutefois eſtime qu'il ne luy eſt pas moins honnorable, d'auoir eu de ſon nom des Aduocats Generaux, des Maiſtres des Requeſtes & pluſieurs Preſidens en ce Parlement, que d'eſtre aujourd'huy Chancelier de Fran-

ce , pource que ses Peres ont
possedé ces charges par leur merite, & que sa modestie luy fait
croire qu'il ne tient la sienne
que de la grace de sa Majesté.
Mais ie croy pouuoir dire, Messievrs, que l'honneur qu'il tire
de sa naissance n'est pas tellement à luy, que cette Compagnie n'y prenne beaucoup de
part ; & qu'ainsi que les fleuues
n'appartiennent gueres moins
au lict où ils coulent , qu'à la
source d'où ils sortent , de mesme le merite & la suffisance de
ses Ancestres , sont des biens
presque aussi propres à ce Parlement, où ils ont paru auec tant
de gloire, qu'à la famille qui les
a produits. Ils doiuét à la splendeur de cette Cour vne partie
du lustre de leur vertu , à l'e-
xemple de tant d'excellens Ma-

giſtrats l'eminence de leur probité, & à l'eſprit de ſageſſe & de
Iuſtice qui anime cet illuſtre
corps, la prudence de leurs
Conſeils, & l'equité de leurs jugemens.

C'a eſté en ce Parlement,
MESSIEVRS, que Meſſire
Pierre Seguier, Ayeul de Monſieur le Chancelier, yſſu de la
noble & ancienne famille des
Seguiers de Languedoc, dont il
y a eu des Seneſchaux de Quer-
cy, & des Preſidens au Parlement de Toulouze, commença
de faire paroiſtre ſa ſuffiſance en
la charge d'Aduocat General il
y a pres de cent ans. C'a eſté en
ce lieu meſme qu'il a prononcé
des paroles, dignes de la grandeur des Iuges qui les ont oüyes,
de l'intereſt de l'Eſtat qu'il a
deffendu, & de la Majeſté du

Prince pour lequel il a parlé. Il
se voit, MESSIEVRS, par vos
Regiſtres, qui ſont les plus fidelles teſmoins des choſes paſ-
ſées, que ſes actions publiques
luy ont donné rang entre les
premiers hommes de ſon ſiecle,
& que la prudence & le courage
auec leſquels il parla ſur le ſujet
du different du Pape Iule troiſieſme, & du Roy Henry ſecond,
luy ont fait meriter auſſi juſte-
ment les loüanges de la Poſterité, que les applaudiſſemens de
ſes Auditeurs. On apperçoit
dans ſes diſcours la renaiſſance
des lettres humaines en ce Royaume. Il a eſté l'vn de ceux,
qui a l'exemple de Caton ne ſe
ſont pas contentez de l'eloquence de leur ſiecle; qui ont formé
de plus belles Idées que celles
qu'ils auoient receuës, & excité

l'emulation de leurs successeurs,
apres auoir surpassé les ouurages
de leurs Peres. Dans les fonctions éclatantes, & laborieuses
de cette Charge, il acquit vne
telle reputation de science & de
probité, que le Roy Henry second recompensa ses trauaux de
celle de President de la Cour,
voulant qu'apres auoir seruy de
langue à la Verité, il fust l'vn des
plus nobles organes de la Iustice.
Honneur, que non seulement il
meritoit, mais qu'il n'obtint que
par son merite ; qu'il n'acheta
qu'auec le prix de sa suffisance,
& de sa vertu, auec cet or diuin,
dont parle Platon, que le Soleil
ne forme point dans la terre,
mais que Dieu répand du Ciel
dans les ames heroïques. Durant
l'espace de pres de trente ans
qu'il a exercé cette dignité si re-

leuée, ce Parlement a souuent
emprunté son Eloquence, pour
rendre raison de ses delibera-
tions à trois de ses Souuerains;
& vos Regiſtres nous appren-
nent qu'il n'a pas moins ſçeu parler aux Roys, que juger les particuliers ; qu'il eſmeut le cœur
du Roy Charles neufieſme par
la ſincerité de ſes diſcours; qu'il
perſuada ſon eſprit par la grauité
de ſes paroles , & qu'il le mit
meſme dans l'admiration , &
dans le ſilence , par la modeſte
generoſité de ſes réponſes. Mais
il ne s'eſt pas contenté d'eſtre ſage en l'adminiſtration des choſes
ciuiles, & vertueux comme l'ont
eſté les Grecs & les Romains; Il
a particulierement eſtudié cette
haute Philoſophie , que Socrate
n'a pas fait deſcendre du Ciel en
terre , mais que Dieu meſme y a

apportée : Il a esleué ses desirs & esperances au dessus du Monde & de la Nature : Il s'est efforcé de connoistre Dieu, qui par sa grandeur est inconnu aux hommes, & de connoistre l'homme, qui par sa vanité est inconnu à soy-mesme : Il a tracé pour l'instruction de ses Enfans les preceptes si necessaires de cette diuine connoissance : Il leur a laissé vn Testament, semblable à celuy de ces anciens Patriarches, où il n'ordonne pas le partage de ses biens, mais leur monstre le chemin de leur salut ; où il ne les appelle qu'à la succession des richesses eternelles, & ne trauaille à les rendre heritiers que de Dieu mesme. Sa pieté, M e s-
s i e v r s, a esté recompensée par le nombre de ses enfans, par leurs honneurs, & par leur ver-

tu. Il laissa six fils, qui tous mon-
terent aux charges, & trauail-
lerent, comme dit Tertullien, à
se rendre dignes de tenir le rang
de Magistrats dans le Ciel, apres
l'auoir tenu dans la Terre.

Le premier, qui fut Conseiller, & depuis President aux En-
questes en cette Cour, employa
sa science & ses trauaux à l'exercice de sa charge, & à l'vtilité
publique. Il n'establit son bon-
heur qu'à procurer celuy des autres ; il ne vescut que pour sa patrie, & ne chercha de gloire
qu'en ce Parlement, où la Iustice
trouue la sienne.

Messire Pierre Seguier, qui a
esté le second de ses enfans, fut
aussi Conseiller en cette Cour,
& quelque temps apres Lieutenant Ciuil, & en suitte second
President de cette Grand'-

Chambre. Vos Regiſtres ſont pleins des Harangues eloquentes qu'il a prononcées deuant les Roys, portant la parole pour ce Parlement, & dans les Aſſemblées, où il a eu l'honneur de preſider. Il ſe peut dire veritablement, que la grandeur de ſon eſprit, & de ſa vertu, a eſgallé celle de ſa charge, & vous ſçauez, MESSIEVRS, qu'il en a ſouſtenu ſi genereuſement la dignité, contre les entrepriſes de ceux qui la vouloient abaiſſer, qu'il conſerua les Preſidens de ce Parlement dans la poſſeſſion d'auoir ſeance, deuant tous les premiers Preſidens des autres Parlemens de ce Royaume.

Le troiſieſme de ſes enfans, qui fut Meſſire Hieroſme Seguier, a eſté Grand Maiſtre General des Eaux & Foreſts de

France. Dans l'adminiſtration
de cette charge, il a eu les yeux
auſſi clairs-voyans que les mains
pures; & dans le cours de ſa vie
il n'a point creu d'affaires plus
importantes que les deuoirs du
Chriſtianiſme, ny de plus nobles
occupations que les exercices de
la charité. Il a recherché la compagnie des miſerables, auec le
meſme ſoin que les autres taſ-
chent de l'euiter: Les douleurs
des affligez luy ont eſté precieuſes: Il a reueré les chaiſnes des
captifs, & les malheurs des innocens luy ont tenu lieu des
choſes ſacrées. Il a trauaillé pour
trouuer des remedes à leurs
maux, des ſoulagemens à leurs
peines, & des conſolations à
leurs infortunes. Il a eu pour fils
Monſieur le Preſident Seguier,
qui eſt aujourd'huy le cinquieſ-

me Prefident au Mortier de ce mefme nom; dont je ne veux rien dire dauantage, finon qu'il rend de tres grandes preuues, & de fa fuffifance dans les affaires, & de fa probité dans les jugemens; & qu'aux Grands-Iours de Poitiers il augmenta la fplendeur de la Iuftice par l'eloquence de fon difcours; Il ne prefida pas moins par fon efprit que par fa charge; Il ne penfa qu'à punir les crimes, qu'à étouffer les violences, & qu'à faire ceffer les defordres, qui eftoient reftez apres la guerre, comme l'agitation apres la tempefte.

L'Eglife, & le Parlement, ont partagé les fonctions de la vie du quatriefme des enfans de Meffire Pierre Seguier. Il a efté Doyen de l'Eglife de Paris, & Confeiller en cette Grand'-

Chambre; Il voulut que la pieté
fuſt en luy vne partie de la Iuſtice, ſelon le precepte d'vn Philoſophe, & s'efforça de ne rien
faire, qui pûſt offenſer le chara-
ctere du Sacerdoce qu'il auoit
receu de Dieu, & celuy de la
Magiſtrature qu'il auoit receu
du Prince. Auſſi-toſt qu'il poſ-
ſeda la dignité de Doyen, il ter-
mina par ſa prudence, & par ſa
douceur, les differens qui auoiét
duré pluſieurs années entre le
chef & les membres de cette venerable Compagnie. Il ſacrifia
au pied des Autels ces malheu-
reuſes victimes, ſi dignes d'eſtre
immolées par ceux qui offrent
tous les jours à Dieu des ſacrifi-
ces de Paix: Il reſtablit en cette
Egliſe particuliere la tranquillité
que l'Egliſe vniuerſelle demande à Dieu dans ſes vœux. Il fut

en fuitte le reftauratcur de fa
police, comme il l'auoit efté de
fa concorde ; Il y affeura pour
l'aduenir l'vnion des efprits , &
le reglemenr des mœurs. La reputation de fon zele , & de fa
doctrine , le fit nommer par le
Roy à l'Euefché de Laon : mais
il imita la modeftie des Anciens
Peres de l'Eglife en le refufant :
Luy feul fe crut indigne de cet
honneur, dont tout le monde le
jugeoit digne , & il augmenta
l'eftime qu'on auoit de luy , par
le mefpris qu'il témoigna de foy-
mefme.

Le cinquiefme de fes enfans
fut Meffire Antoine Seguier ,
l'vne des plus grandes lumieres
de cette Cour ; qui pouffé d'vne
ambition auffi jufte , que gene-
reufe, & fuiuant les traces fi honnorables que fon Pere luy auoit

marquées, voulut, auant que de
posseder ses charges, faire voir
qu'il les meritoit, & monter par
les mesmes degrez au comble
des mesmes honneurs. Ce fut,
MESSIEVRS, en ce Barreau si
fameux, qui renouuelle apres
tant de siecles la Majesté de cette ancienne eloquence, autrefois la gloire d'Athenes, l'ornement de Rome, & l'admiration
de l'Vniuers, & qui fait fleurir
dans vne Monarchie de douze
cens ans, la science de la parole,
qui ne dominoit jadis que dans
les seuls gouuernemens popu-
laires; ce fut, dis-je, en ce Barreau, que Messire Antoine Seguier voulut éclatter auant que
de rechercher l'honneur des ma-
gistratures, & parler pour les
particuliers, afin d'apprendre à
parler pour le Roy mesme. Il

creut qu'il ne seroit point indigne du Fils d'vn President de la
Cour, de paroistre auec eminence dans ce champ si glorieux du
raisonnement, & du discours; de
persuader la Iustice, auparauant
que de la rendre , & de regner
sur les esprits , par la force in-
uincible de la parole, auant que
de regner sur la vie, & sur les
biens, par le pouuoir souuerain
des Iugemens. Apres auoir plai-
dé sept ou huict ans, auec tres-
grande reputation, il fut Maistre des Requestes, Lieutenant
Ciuil , & Conseiller d'Estat,
auec l'approbation de tout le
monde, & entra, par vn merite
vniuersellement reconnu, dans
la charge d'Aduocat General,
où il ne combatit plus pour
l'honneur de la Victoire, mais
pour la seule deffense de la Verité.

rité. Ainſi, MESSIEVRS, par
vn heureux effort de la Nature,
qui raſſemble des treſors d'eſprit en quelques familles, comme des mines d'or en certaines
terres , & par vne profuſion de
ſes graces y rend les miracles ordinaires , le Pere & le Fils ont
poſſedé toutes les rares qualí-
tez , qui ſont neceſſaires pour
ſouſtenir cette charge , ſi diffi-
cíle & ſi importante. Ils ont eu
cette clarté de jugement , qui
diſſipe les tenebres du menſonge , qui allume le flambeau de
la Verité , & deuançant la lumiere de la Iuſtice, fait l'office
de cette eſtoille qui precede le
Soleil. Cette viue éloquence,
qui n'eſt pas tant l'ouurage de
l'art, que le chef-d'œuure de la
nature, contre laquelle l'artifice ne peut eſleuer de trophées,

comme on a dit de celle de Demosthene, & qui est aussi maje-
stueuse que le doit estre l'éloquence d'vn Censeur, paroist
encor aujourd'huy dans leurs es-
crits. Ils ont parfaitement imité
ce sage Enchanteur dont il est
parlé dans l'Escriture, qui char-
me les serpens auec sa voix. Ils
ont guery, comme Socrate, les
maladies des hômes auec d'excellens discours, que Platon appelle les plus certains & les plus
admirables de tous les enchan-
temens. Ils ont esté animez,
dans leurs actions publiques, du
zele de la verité, & non de l'ardeur des passions, de mesme que
les Iuifs employoient dans leurs
sacrifices le feu du Ciel, & non
celuy de la terre. Ils ont parlé
pour le Roy, comme pour la seconde Majesté de l'Vniuers, &

la premiere de la Chreſtienté;
& enfin, MESSIEVRS, il ſe
peut dire ſans flatterie, que la
Iuſtice n'a jamais eſté plus puiſſamment armée, que lors qu'elle l'eſtoit de leurs raiſons; ny la
ſplendeur de cette Couronné
plus hautement ſouſtenuë, que
par leurs diſcours; ny la pureté
de la diſcipline plus vniuerſelle-
ment perſuadée, que par leur
bouche; ny la fidelité vers le
Prince plus viuement inſpirée,
que par leur voix. Meſſire Antoine Seguier, MESSIEVRS,
entra de cette charge en celle
de Preſident de la Cour, où il
fut le troiſieſme de ce nom, &
où l'on vit deux freres poſſeder
cét honneur en meſme temps.
Ie paſſeray ſous ſilence ſa parfaite integrité dans l'adminiſtration de la Iuſtice, d'autant que

cette vertu eſt ſi vniuerſelle & ſi
ordinaire dans ce Parlement,
que ceux qui la conſeruent le
plus n'en meritent quaſi pas de
loüange particuliere. Ie ne par-
leray point auſſi de ſon courage
à s'eſleuer contre les injuſtes &
les violens, parce que la generoſité a eſté touſiours ſi naturelle à ceux de cette maiſon, qu'ils
peuuent l'exercer autant par inclination, que par vertu. Ie re-
marqueray ſeulement ſa pieté,
que ce Parlement a veuë, que
Paris a reſſentie, que la France
a admirée ; qui n'eſtoit pas ren-
fermée dans le cercle ſi eſtroit
des deuotions ordinaires, mais
auoit la meſme eſtenduë que la
charité qui n'a point de bornes,
qui eſtoit agiſſante comme le
doit eſtre la pieté d'vn grand
Magiſtrat, & qui luy a fait em-

ployer des sommes immenses en
des fondations, qu'il a voulu
estre comme vne source perpetuelle de biens, qui se respandist
par vne succession de temps infiny sur les pauures de tous les
siecles. De sorte, MESSIEVRS,
qu'il n'a pas seulement soulagé
les miseres presentes, mais aussi
les futures; Il a entendu les gemissemens de ceux qui n'auoiét
pas encore de voix pour se plain-
dre : Il a essuyé les larmes de
ceux qui n'auoient pas encore
veu le jour, & sa liberalité a
empesché la mort de ceux à qui
la nature n'auoit pas encore
donné la vie. Il a voulu estre le
pere des Orphelins, l'appuy de
la foiblesse des Veufues, & le
protecteur de la chasteté des
Vierges. Il a tasché d'establir
des ports pour ceux qui feroient

naufrage, de conduire les ruiſ-
ſeaux de ſa charité ſur les terres
les plus ſteriles, & de faire comme tomber vne manne dans les
deſerts. Enfin, MESSIEVRS,
il a declaré vne guerre ſaincte à
la neceſſité de ſes citoyens : Il a
voulu que ſes richeſſes particulieres deuinſſent publiques : Il
s'eſt acquis l'admiration des ſages, l'amour des peuples, & les
prieres des affligez. Mais j'ay
tort de m'étẽdre ſur cét endroit
de ſa vie : La voix des pauures,
qui reſſentent & qui publient
ſes bien-faits, eſt plus éloquente
que tous les diſcours, & ſans
qu'on le loüe apres ſa mort, ſa
memoire ſera bien-heureuſe
tant qu'il y aura des mal-heureux.

Toutes ces vertus excellentes
porterent le feu Roy Henry le

Grand, à le choisir pour son
Ambassadeur vers la Republique de Venise, en vn temps, où
il falloit remplir cette charge
d'vne personne de rare merite.
Il le jugea aussi habile dans la
Politique, que dans la Iustice;
& lors que sa majesté luy declara
l'élection qu'elle auoit faite de
luy, elle adjousta publiquement
ces mesmes paroles, qui luy
estoient beaucoup plus aduantageuses que l'Ambassade. *Vous
estes entré dans mon affection, comme moy dans mon Royaume, malgré la resistance & les calomnies de
vos ennemis, & de vos enuieux.*
Ainsi, MESSIEVRS, il eut
pour Iuge de ses actions ce Prince si clair-voyant, pour garand
de son innocence le plus juste
Monarque de son siecle, pour
protecteur de sa vertu le plus

P iiij

grand des Roys, & pour organe
de ſes loüanges la propre bouche de ſon Maiſtre.

Le ſixieſme des enfans de
Meſſire Pierre Seguier fut Meſſire Iean Seguier, pere de Monſieur le Chancelier, qui bien
que le dernier en l'ordre de la
naiſſance, a eſté neantmoins l'vn
des premiers en celuy de l'eſprit & de la probité, qui ſont
des dons du Ciel, & non pas de
la nature. Les mal-heurs de ſon
ſiecle n'ont ſeruy qu'á rendre ſa
ſuffiſance & ſa generoſité plus
ſignalées : Il a trouué dans l'a-
gitation de la France l'affermiſ-
ſement de ſa vertu, & toute ſa
vie a eſté vne exemple rare de
pieté vers Dieu, de fidelité vers
le Roy, de zele vers le public, &
de charité vers les miſerables.
Il fut honnoré de la charge de

Maiſtre des Requeſtes par le
Roy Henry troiſieſme, & en
ſuite il entra dans celle de Lieutenant Ciuil, où peu de temps
apres il rencontra des occaſions
de ſeruir, auſſi glorieuſes pour
luy, que les troubles qui les ont
produites eſtoient funeſtes pour
le Royaume.

Lors que le Roy Henry troiſieſme fut preſque enueloppé
dans cette horrible ſedition, qui
fut ſuiuie de tant de guerres;
qu'il ſe vit aſſiegé iuſques dans
le Louure, c'eſt à dire iuſques
dans ſon Throſne, & qu'il fut
obligé de ſe retirer du milieu de
ſes Eſtats, comme il euſt fait du
milieu des terres de ſes Ennemis, Meſſire Iean Seguier, Lieutenant Ciuil, partit le meſme
jour pour ſuiure le Roy dans cét
accident ſi déplorable, & aban-

donna sa maison, comme si elle
n'eust pû estre innocente dans la
contagion d'vne Ville si criminelle. Il creut que Paris luy seroit vn lieu de bannissement,
puis qu'il n'y verroit plus le visage de son Prince, que ses murailles estoient deuenuës la pri-
son des fideles seruiteurs, puis
que leur maistre y auoit pensé
perdre sa liberté, & que les François ne la deuoient plus considerer comme vne des Villes de
la patrie, puis que celuy qui en
estoit le pere y auoit esté traité
comme vn estranger. Il accompagna depuis le Roy Henry III.
aux Estats de Blois, & apres la
fin tragique de ce grand Prince,
qui meritoit plustost vne vie immortelle qu'vne mort precipi-
tée, il suiuit le feu Roy Henry
quatriéme, lors que ce glorieux

Monarque ne pouuoit faire encore que des compagnons de sa
mauuaise fortune. Il mena auec
luy toute sa famille : Il voulut
que ses enfans, dont quelques-
vns sont nez durant les voyages
de sa Majesté, apprissent du lieu
mesme de leur naissance à estre
fideles toute leur vie : Il voulut
qu'ils suiuissent la fortune de
leur Maistre, aussi-tost que celle
de leur pere ; qu'ils meslassent
leurs premieres larmes auec celles de tous les gens de bien, &
commençassent à souffrir des incommoditez pour leur Prince,
auant que de pouuoir produire
des actions pour son seruice. Le
feu Roy n'ayant point lors d'autres recompenses pour ses fideles sujets, que des éloges de leur
fidelité, le loüa publiquement
en diuerses occasions, & s'effor-

çant de luy donner quelque em-
ploy, il luy commanda d'exercer
la Iustice dans sainct Denys &
dans Mante comme il eust fait
dans Paris, voulant que sa dignité retrouuast les honneurs
que sa vertu luy auoit fait perdre, & rendant ainsi les fonctiõs
extraordinaires de sa charge
plus éclatantes que sa charge
mesme. Ce fut-là, MESSIEVRS,
qu'il trauailla puissammét, auec
quelques autres seruiteurs du
Roy, pour accompagner de ses
soins les armes de sa Majesté,
pour dompter la rebellion dans
les esprits, lors que ce grand
Prince domptoit les rebelles;
pour desarmer les volontez des
peuples, pendant que ce Con-
querant desarmoit les bras des
seditieux ; pour espargner les
larmes de sa patrie, le sang de

ſes freres, & les ſueurs de ſon
Maiſtre. Le credit & l'autorité
qu'il s'eſtoit acquis dans Paris,
par l'exercice de la charge de
Lieutenant Ciuil, que luy & ſes
freres auoient poſſedée plus de
vingt ans, luy donnerent moyen
de ſeruir le Roy tres-vtilément,
dans la reduction ſi ſalutaire de
cette premiere Ville du Royaume. Il eſt vray que cét honneur
luy eſt commun auec beaucoup
de grands perſonnages, qui à
l'imitation de la nature, raſſem-
blerent toutes leurs forces pour
ſauuer le cœur de la Monarchie:
Mais il y eut cela de particulier,
que ce fut luy qui par ſes ſecretes intelligences, eſtant lors à
ſainct Denys prés du Roy, con-
clut le traité de la reduction dãs
ſon logis, & prepara cette grande journée, qui nous ſera tous-

jours plus memorable que celles
des plus heureuſes batailles ; qui
a eſté d'autant plus ſignalée,
qu'elle ne fut point ſanglante ;
que la pieté publique a renduë
ſaincte, par les actions de graces
qu'elle en renouuelle tous les
ans, & que l'on peut quaſi dire
auoir eſté le premier jour du regne de Henry le Grand. Auſſi
ſa Majeſté luy témoigna qu'elle
auoit tant de confiance en luy,
qu'elle voulut qu'il l'accompa-
gnaſt touſiours dans cette en-
trepriſe, qu'il fuſt touſiours prés
de ſa perſonne, & qu'ainſi qu'il
auoit eſté par ſa conduite & par
ſes ſoins, l'vn des principaux
inſtrumens de ſa victoire, il fuſt
auſſi par l'exercice de ſa charge
le principal auteur de ſon triomphe. Car ce fut luy, qui comme
Lieutenant Ciuil, reſtablit auſſi-

tost dans Paris l'heureuse tranquillité, qui acheua cette importante conqueste : Il estouffa le bruit des armes par les applaudissemens des peuples, à peine reconciliez. Il fit voir l'image de la Paix, lors qu'on voyoit encore celle de la Guerre : Il fit ouyr dans vne Ville surprise, des acclamations de joye : Il fit rendre presque en vn mesme moment, l'obeyssance au Souuerain, le respect aux Loix, l'exercice aux Arts, & la liberté à tout le monde.

Il ne restoit pour couronner vne si belle vie, qu'vne mort aussi glorieuse. Il la rencontra, MESSIEVRS, auec l'extréme douleur des siens, le regret des gens de bien, & les gemissemens des pauures, pour lesquels il se sacrifia luy-mesme : Car s'efforçant d'arrester le cours de la maladie contagieuse, qui lors estoit tres-violente dans Paris, & supportant pour cela des trauaux excessifs, il prit le mal qui finit ses jours. Quelles loüanges ne merite-t'il point, MESSIEVRS, d'auoir tant contribué de soins & de peines, pour vn effect si salutaire? d'auoir presté ses mains à cét ouurage de la misericorde diuine? d'auoir bien voulu se perdre pour tascher de sauuer les autres, & courir le hazard de laisser sa femme veufve, & ses enfans orphelins, pour empescher la fin déplorable de plusieurs maris & de plusieurs peres? Certes il estoit digne de luy, qu'apres auoir vescu pour Dieu & pour son pays, il mourust pour la gloire de l'vn, & pour le seruice de l'autre, qu'apres

s'estre

s'eſtre expoſé aux miſeres des
Guerres ciuiles, pour porter ſes
citoyens à ſe remettre dans l'o-
beyſſance, il s'abandonnaſt à la
corruption de l'air, pour leur
conſeruer la vie ; qu'il ne priſt
pas moins de part au ſalut de
Paris malade, qu'il auoit fait à
la reduction de Paris rebelle, &
qu'ainſi que ſon zele & ſa generoſité auoient eſté honnorez en
cette premiere occaſion par vne
joye generale, ils le fuſſent par
des larmes publiques en cette
derniere. S'il pût auoir quelque
déplaiſir en mourant pour vn
ſujet qui luy ſeruoit de conſola-
tion, ce fut de laiſſer ſes enfans
dans vn âge, où la conduite d'vn
Pere leur eſtoit ſi neceſſaire :
mais il eut cette ſatisfaction dãs
ſa douleur, qu'il les laiſſoit entre les mains d'vne mere, qui

pourroit faire en sorte par sa prudence, que sa mort leur fust vn jour plus sensible, par les mouuemens de la nature, que par les interests de leur fortune. Il auoit épousé Dame Marie de Tudert, dont la vertu n'est pas moins illustre que la naissance, qui faisant remarquer en sa personne la sagesse d'vne femme, l'affection d'vne mere & la pieté d'vne veufue, renouuelle l'exemple des Olympiades, des Paules & des Melanies; qui ne vit maintenant dans sa sainte solitude, que du mesme object, dont les Anges se nourrissent dans le Ciel, & n'a nulles pensées pour le monde, quoy qu'elle y ait vn fils Chancelier de France. Elle est issuë de la famille si noble & si anciéne des Tuderts, dont ie me contenteray de dire,

qu'il y a eu depuis plus de deux
cens ans, trois Maiſtres des Requeſtes de pere en fils, lors qu'il
n'y en auoit que quatre en France, vn Eueſque de Chalons, celebre dans ſon ſiecle par ſa probité & par ſa doctrine, & qui
meſme fut employé par le Roy
Charles ſeptieſme à la negotia-
tion du Traité d'Arras, vn premier Preſident au Parlement de
Bourdeaux, lequel fuṭ commis
par le Roy Loüys vnziéme pour
l'eſtablir, & en exerça le premier la premiere charge, vn Preſident aux Enqueſtes de cette
Cour, trois Conſeillers en ce
Parlement, & deux Doyens de
l'Egliſe de Paris, dont le dernier
eſt Monſieur de Tudert, Con-
ſeiller en cette grand' Chambre;
Oncle de Monſieur le Chancelier, qui me donne autant de

sujet de parler de luy, par la noblesse de sa race, par l'integrité
de sa Iustice, par la sincerité de
ses paroles, & par la generosité
de ses actions, comme il m'o-
blige à m'en taire, par sa moderation, & par sa presence.

Messire Iean Seguier, MES-
SIEVRS, eut deux fils de son
mariage, dont l'aisné est Monsieur le Chancelier. Le second
est Messire Dominique Seguier,
qui a esté Conseiller en ce Parlement & Doyen de l'Eglise de
Paris, & est maintenant Eues-
que d'Auxerre, & premier Au-
mosnier de sa Majesté. De tres-
équitable Iuge, il est deuenu
tres-sage Prelat : Il procuroit
aux Peuples vne felicité humaine, il leur en procure maintenant vne diuine, & le Roy peut
dire de luy, ce que l'Empereur

Valentinien difoit d'vn excellent Archeuefque, qui auoit
efté Magiftrat, qu'il fe rejoüif-
foit, de ce que l'ayant jugé digne
du foin de la fortune, & des
biens de fes fubjets, Dieu l'a-
uoit jugé digne depuis de la
conduite de leurs ames.

Quant à Monfieur le Chan-
celier, il entra dans les charges
par celle de Confeiller en ce
Parlement. Il paffa depuis en
celle de Maiftre des Requeftes,
où il fut employé en des com-
miffions importantes, & fut In-
tendant de la Iuftice en diuerfes
Prouinçes de ce Royaume, iuf-
qu'à ce que feu Monfieur le Prefident Seguier fon Oncle, luy
eut refigné fa charge de Prefident, apres auoir obtenu des
Lettres du Roy, pour en conti-
nuer l'exercice durant quatre

ans, nonobstant sa resignation.
C'a esté, Messievrs, en
cette rencontre que vous auez
tesmoigné combien la famille
des Seguiers est en veneration
dans ce Parlement : Car voicy
les propres termes de l'Arrest
que vous donnastes : *La Cour a
ordonné la Verification des Lettres,
& outre, que Meßire Antoine Seguier President, reprendra sa place
au premier iour apres la reception de
son Nepueu; sera remercié d'auoir
resigné son Office à son Nepueu,
portant son nom; & les quatre ans
expirez se retirera vers le Roy pour
obtenir autre continuation, & à
son refus, que la Cour suppliera ledit
Seigneur Roy de la luy octroyer.* Il
faut bien, Messievrs, que
Meßire Antoine Seguier ait esté
l'vn des membres des plus nobles de ce Parlement, puisque

tout le corps enfemble tefmoi-
gne tant d'enuie de le conferuer, & tant de crainte de le per.
dre ; & il f.ut bien auffi que cette famille fe foit fignalée par des
actions extraordinaires, puifque
non feulement fa vertu vous eft
chere, mais que fon nom mefme vous eft precieux. Vous l'a-
uez chery comme l'vn de ces
grands noms , qui depuis cent
ans y font honnorez des premieres charges : Vous auez regardé
cette maifon , comme l'vne de
ces races illuftres , qui non feulement imitent la fageffe de cette Compagnie par leur fuffifance, mais encore fon immortalité
par leur durée. Et doit-on s'é-
tonner fi le Roy a creu qu'elle
meritoit la plus haute dignité
de France, puifque vous l'auez
jugée digne de la plus haute efti-

me de cette Cour ? Doit-on s'é-
tonner si le jugement de sa Majesté a esté conforme au vostre ?
Et peut-on trouuer estrange,
que ce Parlement se réjoüisse de
ce que le Roy a esleué Monsieur
le Chancelier à cette charge,
puis qu'il a remercié feu Monsieur le President Seguier son
Oncle, de ce qu'il luy auoit resigné celle de President ? Dans
les fonctions de cette dignité si
releuée, il n'a point eu d'autre
amour que la Iustice, d'autre
objet que le bien des peuples,
d'autre ambition que le seruice
du Prince. C'a esté dans l'e-
xercice de cette charge, qu'il
s'est montré grãd imitateur des
grands exemples de sa maison,
& qu'il a fait paroistre ses qualitez eminentes, qui ont esté hon-
norées de la dignité de Garde

des Sceaux, & enfin de celle de Chancelier.

Sa Majesté a creu qu'elle ne pouuoit trouuer en aucun lieu de son Royaume, des personnes plus capables des premieres charges, que dans ce celebre Parlement, qui surpasse autant les autres en intelligence, qu'en dignité; qui n'est pas moins l'assemblée des premiers Esprits, que des premiers Iuges de la France; qui se peut dire l'vn des plus grands & des plus durables ornemens de cét Empire; & qui conserue depuis plusieurs siecles la reputation immortelle d'vne sagesse extraordinaire, & d'vne equité aussi souueraine que sa puissance.

Entre tant d'excellens hommes qui le rendent venerable, le Roy a jetté les yeux sur Monsieur le Chancelier. Ce grand nombre de Magistrats, dont sa famille est recommandable : Cette noblesse non seulement du sang, mais de l'esprit ; qui n'est pas enseuelie dans les sepulchres des Peres , mais qui reuit par vne suitte perpetuelle dans les illustres actions de leurs enfans : Cette vieille gloire , pour vser des termes de sainct Hierosme : Cette vertu ancienne , qu'Aristote appelle la plus belle partie de la noblesse : Cette foule si honnorable de Lieutenans Ciuils , d'Aduocats Generaux, de Maistres des Requestes , & de Presidens , dont l'exemple est vne heureuse necessité à leurs successeurs d'estre aussi vertueux que leurs Ancestres , a fait esperer au Roy de Monsieur le Chancelier , tout ce qu'il pouuoit deſirer du premier Magiſtrat de ſon Royaume.

Que ſi, dans le beſoin qu'ont les Roys de trouuer en leurs Chanceliers vne fidelité incorruptible, qui garde religieuſement les ſecrets du Prince, & ſans qui les plus grandes vertus intellectuelles ſont les vices les plus dangereux, ſa Majeſté a fait choix de Monſieur le Chancelier, c'eſt vne marque de ſa prudence, puis qu'elle a reconnu en luy la meſme fidelité qui a paru dans tous ceux de ſa maiſon, lors que la France eſtoit la plus agitée des diuiſions ciuiles. Ie vous ay fait voir, MESSIEVRS, qu'en vn temps, où la multitude des coupables ſembloit donner de l'excuſe au crime, & du merite à l'innocence; où des Com-

pagnies Souueraines , qui auoiēt
eu assez de vertu pour demeurer
fermes durant le calme , n'eu-
rent pas assez de force pour resi-
ster à la tempeste ; où le party
formidable de la Ligue se ser-
uoit des armes de la Religion
pour deffendre sa reuolte , auto-
risoit son infidelité vers le Roy
par sa pretenduë fidelité vers le
Roy des Roys , & employoit les
mains de Dieu mesme à la de-
struction de son image. Qu'en
ce temps , dis-je , tous ceux de
cette maison non seulement ont
esté fidelles , mais commë la nature redouble l'ardeur du feu
dans la violence de l'hyuer , ils
ont de mesme redoublé leur zele
dans cette saison de rebellion &
de desobeïssance. Leur constance n'a point esté capable de
changement , leur generosité de

crainte, leur prudence d'erreur, leur pieté de superstition, & dans les charges de Lieutenant Ciuil, d'Aduocat General, & de President qu'ils possedoient alors, ils ont excité les peuples à l'obeïssance ; ils ont parlé pour la Loy Salique ; ils ont combatu par leurs discours la domination estrangere ; ils ont fait à Tours contre le Roy d'Espagne, ce que Demosthene fit autrefois à Athenes contre Philippe. Apres cela, MESSIEVRS, le Roy auoit tous les sujets du monde de s'asseurer de la fidelité de Monsieur le Chancelier, puis qu'elle n'est pas particuliere à sa personne, mais generalle à sa famille, & que c'est vne vertu que non seulement la Morale luy a apprise, mais que la Nature mesme luy a enseignée.

Vous ayant remarqué, Mes-
sievrs, les qualitez qui sont
communes à Monsieur le Chancelier auec ceux de sa maison, je
deurois maintenant m'arrester à
celles qui luy sont propres , &
vous parler de luy, apres vous
auoir parlé de sa race. Ie deurois
vous découurir les biens de son
ame, les richesses incorruptibles
qu'il a acquises dans ce Parlement , les rayons qu'il a tirez de
cette grande source de lumiere :
Mais la mesme modestie que
vous auez tousiours reconnuë
en luy , veut qu'ils demeurent
couuerts de l'ombre de mon silence: L'éleuation de sa fortune
ne luy donne point de vanité : Il
sçait que sa vertu n'est pas plus
grande qu'elle estoit, pour estre
exposée à vn plus grand jour, &
comme l'on rehausse les digues

des riuieres, lors qu'on les voit
groſſir extraordinairement, afin
d'empeſcher qu'elles ne ſe dé-
bordent, & ne ruinent la cam-
pagne; de meſme Monſieur le
Chancelier voyant ſes dignitez
croiſtre juſques au plus haut
point où elles peuuent monter,
a fait vn rampart de ſa modeſtie,
pour empeſcher que ce torrent
d'honneur & de gloire, qui em-
porte preſque tous les eſprits, ne
ſe répande juſque ſur ſon ame,
& n'en corrompe la pureté. En
cecy neantmoins j'ay ſujet de
craindre que l'on ne l'accuſe de
quelque injuſtice, puis que ſon
humilité veut dérober à ſes autres Vertus le fruict ſi legitime
de la reconnoiſſance publique.
En cette ſeule rencontre il ſemble violer cette equité ſi parfaite
qui luy eſt touſiours ſi inuiola-

ble. Il se refuse à luy seul ce
qu'il donne à tout le monde ; il
n'offense de toutes les loix. que
celles qui luy sont aduantageuses ; & conseruant par tout ailleurs cette diuine harmonie qui
compose la vie ciuile ; il veut
rompre en ce qui le touche, l'v-
nion si juste que Dieu & la Nature ont mis entre le merite &
l'honneur, entre les bienfaits &
les actions de graces. Apres
cela, MESSIEVRS, pourroit-
il endurer des flatteries, puis
qu'il ne souffre pas mesme la verité lors qu'elle luy est fauorable ? Sa conscience ne le feroit-
elle point rougir d'vne faute,
puis que sa moderation le fait
rougir mesme des Eloges qui
luy sont deûs ? Escouteroit-il la
voix de ceux qui oseroient es-
sayer de surprendre sa probité,
puis

puis qu'il impofe filence aux ad-
mirateurs de fa fageffe? Et pour-
roit-on le rendre injufte par la
recompenfe du vice, puis qu'on
ne fçauroit le rendre ambitieux
par la recompenfe de la vertu?
Certes cette pudeur extraordinaire eft vne marque bien viue
de la bonté de fon ame, vn ornement qui releue toutes fes autres excellentes qualitez; & fi
Sainct Ambroife dit que la lumiere auoit bien merité que
Dieu la loüaft, puis que c'eft elle
qui embellit fes autres ouurages, & nous oblige de les loüer
en nous découurant leurs beautez; cette extréme modeftie eft
bien digne de loüange, puis que
c'eft elle qui rehauffe fes autres
vertus, & tout au contraire de
la lumiere les rend d'autant plus
loüables, qu'elle defrobe leur

R.

éclat aux yeux des hommes.

Mais si Monsieur le Chancelier est retenu dans l'estime de son merite, il ne l'est pas, MESSIEVRS, dans celle du vostre : S'il est injuste vers luy-mesme, il est tres-équitable vers vous : S'il est insensible aux éloges que l'on veut faire de sa vertu, il a vn ressentiment extraordinaire pour ce Parlement qui l'a formée : S'il mesprise les vains honneurs des paroles, il recherche la gloire solide d'estre parfaitement reconnoissant. Il reconnoist que c'est en ce lieu que l'on apprend la science de la Iustice, qui est la science des Chanceliers, les grandes & importantes maximes de cét Estat, les loix fondamentales de la Monarchie, l'intelligence la plus sublime des Ordonnances

& des Couſtumes, & generale-
ment tout ce qu'enferme le deuoir des Magiſtrats, l'Office des
Iuges, & l'Art des Legiſlateurs.
Il conſeſſe que c'eſt parmy vous
qu'il a formé ſes plus nobles habitudes intellectuelles & morales; qu'ainſi qu'il doit au Roy
tous ſes honneurs; il doit à ce
parlement tout ce qu'il a de merite; qu'il a receu de vous tout
ce qu'il a de ſageſſe, comme du
Roy toute ſon autorité, & que
la perfection de ſon ame n'eſt
pas moins l'eſſet de voſtre exemple, que le comble de ſes dignitez l'ouurage de la grace de ſon
Prince. De ſorte, MESSIEVRS,
que ſon honneur eſt maintenant inſeparable du vôtre: Vous
ſerez toûjours la premiere cauſe
de la prudence de ſes Conſeils,
& toutes ſes bonnes actions ſe-

ront des biens que ce Parlement aura procurez au Roy & aux Peuples. Mais vous y aurez d'autant plus de part que Monfieur le Chancelier, qui auoit efté comme feparé de vous par la charge de Garde des Sceaux, y eft maintenant reüny par fa nouuelle dignité : Il ne fait plus qu'vn mefme corps auec vous, & il eft glorieux à cette Cour d'auoir donné vn Chancelier au Roy, vn Officier à la Couronne, vn Chef aux Compagnies Souueraines. La France n'a rien dans la Magiftrature de fi éminent que luy : C'eft l'œil de la Iuftice du Prince, qui eft ouuert pour tous fes peuples, comme celuy du monde pour toutes les creatures : C'eft le depofitaire de fes Sceaux, c'eft à dire des Caracteres facrez de fa Majefté,

des gages fideles de ſes promeſ-
ſes, des marques inuiolables de
ſes intentions & de ſes graces:
C'eſt le teſmoin de ſes ſecrets:
C'eſt luy qui a part à ces myſteres des Roys, dont la reuerence
fait partie de l'obeyſſance des
ſubjets: C'eſt luy qui entre dans
ce Sanctuaire de l'Eſtat, où ſe
forment les reſolutions importantes, deſquelles dépend le ſeruice du Prince & le ſalut du
Royaume, où reſide l'eſprit in-
uiſible des actions viſibles de la
Monarchie: C'eſt luy qui reue-
le ces meſmes myſteres, lors que
le Roy les veut publier: C'eſt
l'interprete de ſes volõtez, c'eſt
la bouche du Prince: C'eſt luy
qui a l'honneur de preſter des
paroles à ſes Royales penſées:
C'eſt luy qui prononce les plus
celebres jugemens de la fortune

des Peuples. Enfin, MESSIEVRS,
fa Iuftice a la difpenfation du
threfor fi precieux, des remif-
fions & des graces que les Roys
fe referuent comme vn des plus
riches fleurons de leur Couronne; fa fageffe a pour champ toute la police de l'Eftat, fon autorité s'eftend auffi loin que l'Empire de fon Maiftre; & fa fuffifance a pour Iuge les yeux de
fon Prince & de fa Patrie.

Mais quelque éleuée que foit
la dignité de Chancelier, il fauu
reconnoiftre que l'honneur d'y
eftre appellé par vn Roy, dont la
prudence n'eft pas moins fignalée que le courage, y adjoufte
encore beaucoup de fplendeur.
Le choix d'vn fi grand Monarque, qui eft vn effet de fon jugement, femble eftre encore plus
glorieux que la charge de Chan-

celier, qui n'eſt qu'vn effet de ſa
puiſſance, parce que ſon jugement ne peut eſtimer que les
grandes choſes, au lieu que ſa
puiſſance peut éleuer les petites.
Et comme ſa ſageſſe incomparable rend ſon élection plus pre-
cieuſe, ſes autres Royales qualitez rendent auſſi la charge de
ce premier Magiſtrat plus eſclatante & plus eſtimable. C'eſt vn
redoublement de gloire, d'eſtre
Chancelier d'vn Prince, qui n'eſt
pas moins au deſſus des autres
Roys, par la grandeur de ſes
actions, que par la dignité de ſon
Sceptre; qui ne penſant à conſeruer ſon Royaume, que par la
meſme grace de celuy qui le luy
a mis entre les mains, attire ſur
ſa perſonne les benedictions du
Ciel & les felicitez de la Terre,
& n'eſtonne pas moins l'Europe

par les merueilles de sa vertu,
que par les miracles de son regne. Ie n'ay garde d'entrepren-
dre icy vn Panegyrique de sa
Majesté. Cet honneur est deû
au premier Ministre de ses Conseils, qui dans ce lieu mesme
employa la majesté de son eloquence pour descrire les actions
admirables de son Prince, qui
apres auoir contribué à ses victoires par la vigueur de ses
soins, voulut encore luy éleuer
des trophées par la magnificence de ses eloges, & luy acquerir
vn triomphe immortel dans les
esprits de ses peuples, apres auoir
trauaillé pour le faire triompher
aux yeux de toute la terre. Ie
me contenteray de dire pour la
satisfaction de Monsieur le
Chancelier, que ce grand Prince ne possede pas seulement les

vertus morales, mais encor les Chrestiennes ; qu'il n'est pas seulement juste dans ses guerres, genereux dans ses combats, clement dans ses victoires, moderé dans ses triomphes ; mais qu'il est ennemy de tous les vices, qu'il est maistre de ses passions, qu'il desire dauantage la gloire de Dieu que la sienne propre, & qu'il a tesmoigné dans la restauration de son Estat, que la tranquillité de l'Eglise luy est encore plus chere, que le repos de la France. Il reconnoist comme faisoit Constantin, que la vraye pieté est le fondement de la grandeur des Princes & des Empires : Il tasche de suiure les regles que Sainct Augustin a tracées pour les Rois & pour les Empereurs Chrestiens : Il croit auec ce diuin Pere de l'Eglise, que le bon-heur d'vn Monarque est de regner iustement; Il ne s'éleue point pour les loüanges & les soubmissions de ses Peuples; Il ayme dauantage le Royaume où il ne craint pas d'auoir des compagnons, que celuy où il domine tout seul; Il ne punit & ne pardonne que pour le bien de son Estat & pour le salut des hommes, que pour faire mourir les crimes & reuiure l'innocence dans les ames des coupables ; Il n'est porté à ces belles actions, que par l'amour de la felicité immortelle, & non par les mouuemens de la gloire humaine: Et enfin, MESSIEVRS, il se propose pour exemples, Charlemagne & Sainct Louys: Il tasche d'égaler la pieté aussi bien que la vaillance de ces Heros du Christianisme, & fait iu-

ger par l'ardeur de son zele &
par la pureté de ses mœurs, que
leurs vertus luy causent encore
plus d'émulation que leurs trophées.

Tant d'excellentes qualitez
releuent infiniment l'honneur
d'estreChancelier d'vn tel Prince. Mais n'est-ce pas vn merueilleux aduantage d'estre le principal Ministre de la Iustice d'vn
Roy, qui apres tant de sieges &
de combats, apres tant de Villes
forcées & de Prouinces conqui-
ses, a mesprisé le titre de Grand
& de Victorieux, pour garder
celuy de Iuste. Sa Iustice & sa
Valeur sont égalemét connuës:
Il a presque tous les hommes ou
pour tesmoins, ou pour admira-
teurs de l'vne & de l'autre ; &
nos successeurs apprendront de
l'histoire de son siecle, qu'il n'a

jamais combatu que pour la Iuſtice ; qu'il n'a voulu vaincre
qu'afin qu'elle fuſt victorieuſe,
& qu'il la fait rendre auſſi puiſ-
ſammét à ſes Alliez par la crainte de ſes armes, qu'à ſes ſubjets
par la reuerence de ſes loix: Mais
il veut que ſi la gloire de ſes
actions pouuoit mourir, la poſterité doute pluſtoſt de ſa vaillance, que de ſa juſtice, & qu'elle apprenne de ſon ſurnom ce
qu'elle apprendroit du recit des
merueilles de ſa vie. Certes,
Monſieur le Chancelier eſt tres-
heureux, de n'eſtre point en
peine de perſuader à ſon Prince
d'eſtre Iuſte ; de n'auoir qu'à
executer les commandemens
d'vn Roy, qui obeyt touſiours à
la raiſon, & qui fait voir en nos
jours, ce que Platon dit en ſes
Politiques, que la Iuſtice eſt la

Loy de ceux qui font au deſſus
des Loix.

Que s'il eſt glorieux à Monſieur le Chancelier de ſeruir vn
auſſi grand Prince, qu'eſt ſa
Majeſté, ce luy eſt vn bon-heur
rare, & vn aduantage ſans pareil, de ſeruir auec vn auſſi grand
Miniſtre, qu'eſt Monſieur le
Cardinal de Richelieu, qui af-
fermiſſant l'autorité du Roy par
la ſageſſe de ſes Conſeils, &
formant par l'agitation perpetuelle de ſa prudence la tranquillité dans cét Eſtat, & les
orages chez nos ennemis, affer-
mit auſſi par meſme moyen la
puiſſance de la Iuſtice & des
Loix, qui ſeroient muettes parmy les armes ; qui à l'exemple
de Dieu, lequel met ſon throf-
ne dans vn nuage, enuironne
celuy de ſa Majeſté de l'ombre

du secret & du silence ; & fait que l'on ne voit plus les desseins du Roy qu'en ses actions, comme on ne voit ceux de Dieu qu'en ses ouurages ; qui veille sans cesse pour son Prince ; & pour la France, & procure la seureté à quelque partie du Royaume, lors qu'on se figure qu'il sommeille, comme le Soleil donne le jour a l'autre partie du monde, lors qu'on s'imagine qu'il se repose.

Mais si sa prudence est redoutable aux ennemis de cette Couronne, sa magnanimité ne l'est pas moins, & je m'en tairois, MESSIEVRS, si eux-mesmes n'en parloient auec autant d'admiration, que de douleur. C'est elle qui arme tous ses Conseils, qui ne le rend capable que des desseins les plus nobles & les

plus illuftres ; qui fe redouble
dans les perils , & croift à mefure qu'ils augmentent, qui luy
fait trouuer la France petite
pour la grandeur de fon Maiftre
& pour la puiffance de fon Genie;qui ne reconnoift point pour
bornes de cét Eftat , celles que
la Nature femble auoir marquées par les montagnes & par
les fleuues , mais celles que la
Iuftice des Roys leur trace au
delà de leurs frontieres. C'eft
elle enfin, MESSIEVRS, pour
dire tout en vn mot , qui luy
infpire des penfées affez gene-
reufes pour LOVYS LE IVSTE.

Que fi ce Miniftre incomparable agit de toutes les forces de
fon ame pour fuiure les mouuemens de la haute fageffe, & du
courage heroïque de fon Maiftre, que refte-t'il à Monfieur le

Chancelier, finon de s'éleuer comme au deſſus de ſoy-meſ-me, pour taſcher d'imiter la Iuſtice de ce Prince inimitable, qui ne ſert pas ſeulemēt de modele à ſes Miniſtres, mais encore aux Souuerains, & qui eſt la premiere cauſe de tout le bon-heur de ſō Royaume, comme Platon dit, que Dieu eſt le premier principe de toute la beauté du monde. Monſieur le Chancelier, MESSIEVRS, s'efforcera par ſon zele dans le ſeruice du Roy, par ſon aſſidui-té dans ſa charge, par ſa conſtance dans ſa vertu, & par ſon equité dans ſes jugemens, de ſe rendre ſemblable en quelque ſorte à ces globes de flamme, à qui Sainct Denys Areopagite compare les Anges, leſquels roulent ſans ceſſe à l'entour de Dieu,

Dieu, qui eſt leur Roy & leur
centre, & forment touſiours
le meſme cercle par des reuo-
lutions touſiours eſgales. Il ſe
repreſentera, que ſa dignité
de Chancelier luy eſt vn redoublement d'obligations vers ſon
Prince, & de deuoirs vers ſa
Patrie, & que ne pouuant monter plus haut, il doit ſuiure la
ſageſſe de la Nature dans les
arbres, qui eſtans venus au
poinct où ils ne peuuent plus
croiſtre, produiſent beaucoup
plus de fruicts. Il aura tous-
jours deuant les yeux, qu'il
n'eſt plus à luy, mais au Roy
& à la France; que les intereſts
de l'Eſtat ſont deuenus les ſiens
propres; que l'vtilité publique
doit eſtre le ſujet de ſes paſſions
particulieres; qu'il doit eſtre

jaloux du seruice de son Maistre, ambitieux de sa gloire, liberal de sa Iustice, & auare de ses graces. Il n'ignore point qu'il n'est pas esleué sur le plus grand Theatre du monde, afin seulement que les Peuples soient spectateurs de l'esclat de sa fortune, mais encore afin qu'ils ressentent des effects salutaires de ses vertus, & reconnoissent dans leur propre felicité la prudence du jugement de leur Prince. Il sçait ce que le Roy se promet de luy, ce que ce Parlement en attend, & ce que tout le Royaume en desire. Sa conduite ne fera pas mourir les esperances que ses actions ont fait naistre : Il taschera de les surpasser par tous les efforts de son esprit, & toute la puissance

de sa sagesse : & pour executer
vn dessein qui luy sera si glorieux & si vtile à l'Estat, il vous
imitera, MESSIEVRS, il imitera ses Ancestres, il s'imitera
soy-mesme.

Fin de la premiere Harangue.

HARANGVE

PRONONCÉE

AV

GRAND CONSEIL,

SVR

LA PRESENTATION

des Lettres de Monſieur
SEGVIER, Chancelier
de France.

M. DC. LII.

APRES QVE LECTVRE

a esté faite au grand Conseil, le Mardy 19. Feurier 1636. l'Audiance tenant, des Lettres de Prouision de Monsieur SEGVIER en l'Office de Chancelier de France.

ANTOINE LE MAISTRE A DIT,

MESSIEVRS,

Tous les Ordres du Royaume ayans tesmoigné publiquement à Monsieur le Chancelier vne

extréme fatisfaction, de voir fes
fideles feruices recompenfez
par l'éminence de fa charge, il
femble qu'il eft fuperflu que
j'entreprenne aujourd'huy de le
loüer, apres que tant de perfonnes fi auguftes ont honnoré fa
vertu de leurs loüanges, & qu'il
eft deformais inutile que ie
mefle vne voix aufli foible que
la mienne, auec celle des Princes de l'Eglife, des Grands de
l'Eftat, & des Compagnies Souueraines. Mais j'aurois peur que
le jugement de fa Majefté, le
merite de Monfieur le Chancelier, & la dignité du Confeil, ne
fuffent bleffez par mon filence,
& que l'on n'attribuaft à vn defaut de refpect, ce qui ne feroit
qu'vn excez de modeftie. On
m'accuferoit peut-eftre d'offen-
fer en quelque forte la fageffe

incomparable du Roy , ſi dans
l'élection qu'il a faite d'vn Miniſtre , & d'vn premier Magiſtrat, je ne faiſois voir la juſtice
de ſon choix, & ſi je diminuois
le prix de ſa grace, en la propo-
ſant pluſtoſt comme vn effect de
ſa volonté , que comme vn ouurage de ſa prudence. On pourroit croire auſſi que je ferois
tort à Monſieur le Chancelier,
ſi je ne taſchois de releuer ſes
excellentes qualitez qui l'ont
rendu digne de ſes honneurs, &
ſi je refuſois des Eloges à ſa vertu, qui a receu des loüanges du
Roy meſme ; & poſſible que
l'on me blaſmeroit encore de
peu de reuerence vers vne ſi celebre Compagnie , ſi j'affectois
de me taire en l'vn des lieux de
France, où il y a plus de gloire
de parler, & deuant des Magi-

strats, qui meritent autant par
leur haute suffisance d'estre Iuges des actions publiques, que
par leur equité supréme d'estre
Arbitres de la fortune des hommes. Ces raisons m'obligent,
MESSIEVRS, à vous parler de
Monsieur le Chancelier & de
ses Ancestres : Et bien que je
sçache qu'il est difficile de co n-
ceuoir sur le mesme sujet de dif-
ferentes Idées, & de faire dans
le discours ce qu'il est impossible
de faire dans la peinture, de representer vn mesme visage di-
uersement, & de figurer vn second tableau qui luy ressemble,
& qui ne ressemble point au
premier pourtrait ; je n'appre-
hende pas toutefois cette difficulté en cette rencontre ; parce
que le champ des vertus de Mõ-
sieur le Chancelier & de ses pre-

deceffeurs, n'enferme que trop
de beautez pour plufieurs Pane-
gyriques ; les illuftres actions de
ces grands Perfonnages animent
autant les penfées des plus foi-
bles Orateurs, qu'elles excitent
l'admiration de tout le monde;
& les paroles, ainfi que dit faint
Gregoire de Nazianze, fe prefentent elles-mefmes pour former des loüanges fi juftes & fi
legitimes.

Comme le plus grand hon-
neur des Princes eft que Dieu
qui regne fur les peuples par les
Roys, les ait voulu choifir pour
eftre fes images fur la terre , &
pour rendre fa puiffance & fa ju-
ftice vifibles aux hommes , ainfi
qu'il rend par le Soleil fa grandeur & fa fecondité fenfibles
aux creatures; auffi le plus grand
honneur des fubjets eft d'eftre

choiſis par leurs Princes pour
eſtre leurs Miniſtres dans leurs
Eſtats, pour repreſenter la Majeſté de leurs perſonnes ſacrées,
pour auoir part à la conduite de
leurs Royaumes, & pour eſtre
les plus nobles inſtrumens de
leur ſageſſe & de leur puiſſance.
C'eſt pourquoy, MESSIEVRS,
il ne reſte quaſi plus de gloire à
deſirer à vn Magiſtrat, lors que
ſon Prince le choiſit pour eſtre
ſon Chancelier, lors qu'il l'appelle à la plus importante & à la
plus generale diſtribution de ſa
Iuſtice, & le fait monter à ce
haut poinct de grandeur, qui
ſemble borner l'ambition des
ſubjets, & la magnificence des
Souuerains.

Mais il eſt encore tres honnorable á vn ſeruiteur, de receuoir vn teſmoignage ſi aduanta-

geux & si public de l'estime de
son Maistre. Car comme la
gloire des Princes est d'estre ay-
mez de leurs subjets, la gloire
des subjets est d'estre estimez de
leurs Princes; & de mesme que
les Roys ne sçauroient s'éleuer
de trophées plus magnifiques,
que dans le cœur de leurs peuples, aussi leurs peuples ne sçauroient s'acquerir de reputation
plus illustre que dans l'esprit de
leurs Roys. Dieu prenant vn
soin particulier des Monarques,
tenant leur cœur en sa main, &
versant des rayons de sa sagesse
dans leurs ames, comme il imprime le caractere de sa Majesté
sur leur front, il ne faut pas s'e-
stonner si les peuples ont leur
approbation & leur estime en
singuliere reuerence, & reconnoissent pour souuerains distri-

buteurs de la gloire ceux qui font establis du Ciel pour estre Arbitres de l'honneur & de la vie. Cette consideration rend Monsieur le Chancelier tres-heureux, puisque le premier & le plus sage Prince de la Chrestienté est l'auteur du bienfait qu'il a receu; & qu'vn Monarque si judicieux dans la dispensation de ses graces luy en a departy vne si grande.

Mais si c'est vn honneur extreme à Monsieur le Chancelier, d'auoir esté appellé par son Maistre à ce comble des dignitez, & si ce luy doit estre vn objet de reconnoissance immortelle, ce n'est pas aussi vn bonheur mediocre à sa Majesté d'auoir trouué en luy toutes les parties necessaires pour soustenir la grandeur de cette charge. Car les

Roys ne se seruent pas seulement des Ministres, comme des
plus excellens de leurs subjets,
pour gouuerner leurs peuples
par leur entremise, ainsi que
Dieu, dit saint Denys, se sert
des Anges, comme des plus nobles de ses Creatures, pour conduire les hommes par leur ministere; ils les ont encore pour par-
tager auec eux, les veilles & les
trauaux qui accompagnent les
diademes, & pour se descharger
sur leurs soins d'vne partie de
ces Royales inquietudes, qui
troublent la felicité des Roys, &
forment celle des Peuples. C'est
ce qui les oblige, MESSIEVRS,
de n'éleuer à ces premieres charges que les premiers hommes de
leurs Royaumes, de ne mettre
qu'en des vaisseaux d'or ces tresors les plus riches de leurs Cou-

ronnes, & de ne respandre ces
graces extraordinaires que dans
les ames les plus excellentes,
comme Dieu ne respand les
siennes que dans les consciences
les plus pures. Cette raison a
causé à sa Majesté vne satisfaction particuliere, lors qu'elle a
rencontré en monsieur le Chancelier vn sujet si digne de receuoir le caractere le plus auguste
de la Majesté du Prince, lors
qu'elle a veu qu'elle renfermoit
toute sa Iustice dans vne personne, en qui la Morale Chre-
stienne a renfermé tant de vertus, & qu'elle composeroit la
plus iuste & la plus heureuse des
harmonies, par l'vnion d'vne si
grande puissance auec vne sagesse si parfaite.

Et certes la charge de Chancelier estant si considerable dans
l'Estat,

l'Eſtat, c'eſt vn bon-heur & au Roy & à la France, lors qu'elle eſt entre les mains d'vn homme, qui luy donne autant d'éclat, qu'il en reçoit d'elle, & qui ſatisfait autant les eſprits par la prudence de ſa conduite, qu'il ébloüit les yeux par la ſplendeur de ſa dignité. Car il ſemble, MESSIEVRS, que nos Roys n'ont pas moins trauaillé à former le Chancelier, que Dieu fit à creer l'homme au commencement du monde. Ils ont voulu qu'il ne fuſt pas ſeulement l'image du Prince, dont il eſt le premier Magiſtrat, mais encore de toutes les Cours Souueraines dont il eſt le Chef; comme Philon dit, que l'homme n'eſt pas ſeulement l'image de Dieu, dont il eſt la plus admirable creature, mais auſſi du monde,

dont il eſt le maiſtre. Ils ont
r'aſſemblé dans le Chancelier
toute l'autorité des magiſtratu-
res, de meſme que Dieu a raſ-
ſemblé dans l'homme toute la
vertu des choſes ſenſibles ; &
par ce qu'il n'y a point d'ouurages ſi merueilleux, que ceux où
des choſes tres étenduës ſont
reduites en peu d'eſpace, & ne
laiſſent pas de conſeruer toute
leur force, & toute leur beauté,
quoy qu'elles perdent de leur
grandeur, le Chancelier, qui
contient en abregé ce qu'il y a
de plus excellent dans le Royaume, eſt le chef-d'œuure de la
puiſſance des Roys, comme
l'homme, qui eſt vn tableau
raccourcy de ce qu'il y a de plus
noble dans l'Vniuers, eſt le mi-
racle des mains de Dieu.

Il a vne autorité ſuperieure

ſur toute la Iuſtice, qui eſt l'ame
des Empires. Il a ſoin de conſeruer la ſplendeur de cette vertu ſouueraine qui guerit les maladies des Eſtats , & de rendre
incorruptible celle qui, au rapport d'Ariſtote, contribuë tant a
rendre les monarchies immor-
telles.

Mais ce qu'il y a de plus releué dans ſa charge , c'eſt qu'il a
part au Conſeil ſecret du Roy,
& qu'en ce qui touche les loix &
les ordonnances, c'eſt luy qui à
l'exemple du plus diuin des Legiſlateurs monte ſur cette mon-
tagne , au deſſous de laquelle
ſont les Peuples qui la regardent
auec reuerence. Il entre dans
cette nüée , qui enuironne le
Throſne du Prince, où brillent
les rayons & les éclairs de la Majeſté Royale, & ou il reçoit les

Loix & les Ordonnances qu'il prononce en suite à tous les Peuples.

Cette fonction si excellente est encore rehaussée par d'autres titres & d'autres aduantages tres-honnorables. Il ne preste le serment qu'entre les seules mains de sa Majesté. Les Cours Souueraines luy rendent les premiers hōneurs apres ceux qu'elles rendent au Roy. Luy seul à le droit de les presider. Luy seul entre dans les lieux les plus augustes de la Iustice auec vne partie de la pompe, qui accompagne sa Majesté en ces mesmes occasions ; Et enfin, MESSIEVRS, luy seul en tout le Royaume ne porte jamais le dueil pour quelque sujet que ce puisse estre. Et la raison de ce priuilege est, que le Chancelier

de France se détache en quelque sorte de soy-mesme , pour
ne plus representer que la Iustice dont il est le Chef. Et il n'est
pas raisonnable que cette vertu
estant toute diuine se ressente
des infirmitez humaines; qu'e-
stant immortelle elle reçoiue
quelque impression de la mor-
talité des hommes, & qu'estant
la felicité des Empires elle prenne part aux mal-heurs du monde. Il faut qu'elle conserue tous-
jours vne égalle majesté dans le
trouble & dans le calme, & que
l'objet des esperances publiques
ne deuienne iamais funeste par
les marques des afflictions particulieres.

La splendeur de cette charge,
MESSIEVRS , a esté la princi-
pale cause de l'élection que le
Roy a faite de Monsieur le

Chancelier. Il a confideré que
ce fupreme degré d'honneur
demandoit vne auffi haute fuffifance que la fienne ; qu'il n'y a
que les grands ouuriers qui puif-
fent remuer ces grandes machi-
nes , & que pour ces employs
qui embraffent tant de foins , il
faut des hommes qui foient tout
de lumiere , pour éclairer cette
multitude d'Officiers & de Prouinces qui font commis à leur
conduite ; & qui foient encore
tout de feu , afin que fuiuant la
nature de cet Element , ils agif-
fent fans ceffe & faffent agir les
autres , ils changent les fujets
qu'ils touchent fans receuoir de
changement, ils redoublent leur
actiuité à mefure que leurs occupations augmentent , & par
l'ardeur de leur courage & de
leur vertu renouuellent & pu-

rifient toutes chofes.

Sa Majefté a confideré, que l'éclat de la naiffance accompagnoit les rares qualitez de Monfieur le Chancelier ; que non feulement fon merite parloit pour luy, mais encore que la voix des morts, de fes illuftres Anceftres, perfuadoit puiffamment le choix de leur fucceffeur, & que d'ailleurs le defir d'imiter ces grands Perfonnages, & de conferuer cette fucceffion d'honneur qu'ils luy ont laiffée, augmenteroit la paffion qui l'embrazoit pour le bien public, fi elle eftoit capable d'accroiffement.

Et certes il faut confeffer, que la nobleffe du fang rend l'ame plus noble & plus magnanime, que la gloire de la naiffance infpire l'amour des actions glo-

rieuses , que la vertu des peres
est vn flambeau qui allume celle
des enfans , & que leur exemple
forme dans leur famille vn esprit general de sagesse & de courage , qui éleue leur posterité au
dessus des choses basses , & l'a-
nime puissamment au seruice du
Prince & de la Patrie.

Il seroit presque impossible,
que Monsieur le Chancelier
n'eust pas les qualitez qu'il possede , estant sorty d'vne maison,
où depuis cent ans l'éclat d'vn
merite extraordinaire a tous-
jours esté joint auec celuy des
dignitez les plus releuées , & ou
il semble que la Nature ayt pris
plaisir à produire des hommes
illustres , à faire quasi autant de
chef d'œuures que de personnes , à donner des lumieres au
Párlement , & des ornemens à
la France.

L'Ayeul de Monsieur le Chancelier, MESSIEVRS, a esté Aduocat General, & President de
la Cour, & il y a eu du nom de
Seguier trois Lieutenans Ciuils,
deux Aduocats Generaux &
cinq Presidens, qui se sont tous
éleuez à ces charges par les degrez du merite, & les ont autant
obtenuës par l'éminence de leur
esprit, que de la grace de leurs
Princes.

Ils ont fait paroistre leur suffisance dans les occasions les plus
importantes qui se soient pre-
sentées en leur siecle, dans les
differends des Papes auec nos
Roys, où leur sagesse a sceu parfaitement separer les choses qui
estoient meslées ensemble, &
qu'il estoit tres-dangereux de
confondre, & a gardé ce juste
temperament, que les plus ha-

biles ont tant de peine à trouuer dans les affaires Politiques & Morales.

Ils ont signalé leur éloquence par les actions publiques qu'ils ont faites, ou pour les Roys dans le Parlement, ou pour le Parlement deuant les Roys, ou pour la Iustice dans les Assemblées generales du Royaume. Il en reste, MESSIEVRS, tant d'excellens monumens, que ce n'est pas en dire assez, que de dire seulement, qu'ils ont persuadé les esprits de leurs auditeurs, touché les cœurs des Iuges, & calmé les passions des Monarques.

Ils ont rendu leur fidelité celebre dans les plus grands troubles de ce Royaume, lors que la rebellion auoit des armées, des villes & des recompenses,

lors que la Religion sembloit
combattre sous ses enseignes,
& qu'vne partie de la France
croyoit, que pour demeurer Ca-
tholique il falloit estre desobeis-
sant. Ils ont esté par la vigueur
de leurs remonstrances, comme la voix de la fidelité parmy
les peuples, & l'vn d'eux a contribué des soins si vtiles au restablissement de l'autorité du Prince dans le siege de son Empire,
qu'il semble n'en auoir esté dignement recompensé, que lors
que son fils est deuenu Chancelier de France.

Mais leur pieté, MESSIEVRS,
a surpassé leurs autres vertus.
Elle a esté le commencement &
la fin de toutes leurs actions, &
a paru dans leur vie, comme cette Estoille plus brillante que les
autres, qui commence & finit

toutes les journées. Ils ont con-
sacré à Dieu leurs affections &
leurs desirs. Ils ont gardé religieusement les preceptes du
Christianisme, & les interests
du monde, qui alterent si souuent les bonnes intétions, n'ont
pû corrompre la pureté de leurs
cœurs. Ceux d'entr'eux qui ont
esté peres, ont eu plus de passion
pour le salut de leurs enfans que
pour leur acquerir des richesses.
Ceux qui ont preferé la sainteté
du cœlibat à la chasteté du mariage, ont estably des Azyles à
l'infirmité humaine contre la
violence des maladies, contre
les defauts de la nature, contre
les outrages de la fortune; & les
vns & les autres ont rendu quasi
superfluës toutes les peintures
passageres que le discours peut
faire de leur pieté, puis qu'ils

l'ont imprimée dans les ouurages que leur deuotion a compo-
sez, & grauée sur les édifices
que leur charité a bastis.

Ces vertus excellentes, Messievrs, ces images des Ancestres de Monsieur le Chancelier,
qui ne representent pas leurs
corps, ainsi que faisoient celles
des Romains, mais qui representent leurs esprits ; que des
artisans n'ont point faites de cire
ou de pierre, mais qu'ils ont
eux-mesmes formées de la plus
noble partie de leurs ames, qui
ne sont pas renfermées dans la
maison de leurs successeurs,
mais exposées aux yeux de toute
la France, inspirent à Monsieur
le Chancelier vne émulation
qui est feconde, & qui nourrit
dans son cœur les semences diuines des actions vertueuses.

Mais les premieres & les plus inuiolables asseurances que sa Majesté pouuoit desirer de la suffisance & de l'integrité de Monsieur le Chancelier, ont esté celles qu'elle a trouuées en luy-mesme. La clarté de son jugement, la force de son esprit & la grauité de son éloquence, qu'il a tousiours accompagnées d'vne sagesse genereuse dans les affaires publiques, d'vne equité souueraine dans celles des particuliers, & d'vne probité incorruptible dans toutes ses actions, estoient les gages les plus illustres & les plus asseurez qu'il pouuoit donner à sa Majesté. Et comme elles sont les plus riches ornemens de son ame, elles seroient aussi le sujet le plus magnifique de mon discours, si sa modestie ne m'obligeoit au

silence. Il veut que je dérobe
aux yeux du public l'vn des plus
dignes objets de son eftime ; que
je demeure muet où je deurois
le plus m'efforcer d'eftre éloquent ; & que je cache fous des
ombres cét endroit du pourtrait
de fes vertus, où je deurois em-
ployer les plus belles & les plus
viues couleurs: Comme l'air,
dit Ariftote, n'eft jamais fi froid
que lors que le Soleil fe leue,
ainfi Monfieur le Chancelier n'a
jamais efté fi retenu, que lors
que fa dignité, qui eft le Soleil
des Magiftratures, a jetté fur luy
fes premiers rayons: Et il ne fe
contente pas d'eftre modefte
vers le Roy, de mefme que le
moindre des Magiftrats, & d'i-
miter les Seraphins, lefquels, dit
Sainct Denys Areopagite, font
auffi humbles deuant Dieu que

ceux de la derniere des Hierarchies ; Il ne luy suffit pas aussi d'estre modeste dans sa fortune, de regarder sans vanité ce qui est maintenãt au dessous de luy, comme autrefois il regardoit sans enuie ce qui estoit au dessus ; de n'estre point ébloüy par ce grand éclat qui l'enuironne, & de le considerer ainsi qu'vne qualité exterieure qui ne doit point faire d'impression sur son ame ; Il veut encore estre modeste en ce qui est deû à la vertu mesme, & suiuant cette Idée si parfaite du Magnanime, que le Philosophe a tracée dans ses ouurages, il éleue son esprit au dessus des hõneurs & des loüanges. Il neglige autant de les receuoir qu'il a soin de s'en rendre digne. Il recherche la vertu pour elle seule, & non pour les acclama-

acclamations qu'elle produit. Il
la fert, felon la penfée d'vn Ancien, à caufe de fes miracles, &
non à caufe de fes recompenfes. :
Enfin, MESSIEVRS, il fou-
haite, qu'ainfi que la modeftic
eftoit autrefois le caractere admirable auquel les premiers
Chreftiens fe reconnoiffoient,
elle foit la marque illuftre à laquelle les fages le reconnoiffent,
& que fes vertus foient fignalées
par celle qui eft le chef-d'œuure
& le couronnement de toutes
les autres.

Que fi les hommes, dit fainct
Auguftin, prennent plaifir d'a-
baiffer les fuperbes lors qu'ils
s'éleuent, & d'éleuer au contraire les humbles lors qu'ils s'a-
baiffent; Ie ne doute point que
le public ne donne encore plus
de loüanges à Mõfieur le Chan-

V

celier apres luy en auoir veu refuser de si legitimes ; qu'il ne redouble sa voix à cause de mon
silence, & qu'il n'acheue par les
applaudissemens deus aux vertus si éminentes de ce premier
Magistrat, son Eloge que ie
n'ay que commencé en loüant
les vertus de ses Ancestres.

Et si les Compagnies Souueraines, comme plus équitables
& plus genereuses que le peuple, sont tenuës de rendre à son
merite vn tesmoignage plus celebre, & de le faire auec d'autant plus d'ardeur que sa moderation le souffrira moins, je croy
pouuoir dire, MESSIEVRS,
que le Conseil y est plus obligé
que les autres, puis que par vn
aduantage qui vous est particulier vous n'auez point d'autre
Chef que luy, & que pour estre

voſtre premier Preſident il faut
eſtre Chancelier de France. Il
eſt plus vny à vous qu'il n'eſt à
chacune des Compagnies Souueraines. Il eſt l'eſprit qui anime
voſtre corps, & il eſt aux autres
ſeulement l'intelligence qui les
gouuerne. Il ne vous preſide
pas ainſi qu'il fait celles-là par la
ſeule dignité de ſa charge, mais
par l'vne de ſes fonctions, & qui
y eſt inſeparablement attachée.
Lors qu'il va prendre ſa place
dans les Parlemens, c'eſt vn
honneur qui leur eſt en quelque
ſorte eſtranger, & qui paroiſt
extraordinaire : Mais quand il
vient en ce lieu, MESSIEVRS,
c'eſt vn honneur qui vous eſt
propre, & qui vous ſeroit ordinaire ſans ſes grandes occupations. Si l'exercice de cette importante charge laiſſoit autant

de loisir à Monsieur le Chancelier, qu'il a d'estime & d'affection pour vous, sa presence rendroit en plusieurs rencontres vos jugemens encor plus celebres; on entendroit icy la voix, par laquelle le Prince se fait entendre, & le Conseil rendroit ses Arrests par la mesme bouche, que sa Majesté rend ses Oracles.

Que si cette Compagnie voit rarement son premier President, ce n'est pas vn defaut & vne imperfection en elle, d'autant que ce qui la priue de cét honneur, est la gloire qu'elle a d'estre presidée par celuy-là seul qui preside toutes) les Cours Souueraines. Si cette partie du Ciel de la Iustice ne retient gueres celuy qui en est comme le Soleil, c'est qu'il doit respandre dans son cours ses influences sur

toutes les Prouinces de l'Eſtat,
qui ſont le theatre de ſa lumiere, pour vſer des paroles de Platon : Si ce grand œil n'arreſte
pas ſouuent ſes regards ſur cette
ſeule Compagnie, c'eſt qu'il les
doit à toute la France.

Auſſi, MESSIEVRS, vous
ne laiſſez pas de luy porter vne
reuerence particuliere, & de
meſme qu'il y a eu des peuples,
qui non ſeulement ont reueré le
Soleil, comme le premier des
Aſtres, mais qui luy ont encore
conſacré des Temples & des
Autels, & qui ne l'ont pas ſeulement conſideré cõme le principe de la vie & de la clarté du
monde, mais encore comme
le Dieu tutelaire de leur pays ;
auſſi vous n'honnorez pas ſeulement Monſieur le Chancelier,
comme le premier des Magi-

strats de l'Estat, mais vous luy
consacrez encore la premiere
place de ce Sanctuaire des Loix,
& ne le regardez pas seulement
ainsi que la cause vniuerselle
de la Iustice de France, mais
encore comme le Protecteur
particulier de la dignité de ce
Conseil.

C'est pourquoy, MESSIEVRS,
bien que les autres Compagnies
Souueraines ayent tesmoigné
vne extréme joye d'auoir pour
Chef, vn si sage Magistrat que
Monsieur le Chancelier, &
qu'elles ayent vny leurs vœux
auec le choix du Prince pour
l'éleuer à cette charge, il se
peut dire neantmoins que vous
en deuez ressentir encore vn
plus grand contentement, puis
que l'éclat de ses belles actions
rejallit principalement sur vous,

que sa haute reputation vous est
aduantageuse, & que l'eminence de sa gloire est le comble de la
vostre.

Que si cette raison vous doit
rendre son merite plus cher
qu'à tous les Officiers de la Iustice, elle luy rend aussi le vostre
plus recommandable: Et quoy
que la grandeur & la pureté de
son ministere l'obligent à se dé-
tacher des affections humaines,
& qu'il semble estre tenu de porter vne égalle bien-veillance
aux Compagnies, qui se trou-
uent égales en puissance & en
sagesse, il ne se peut toutefois
qu'il ne ressente vne satisfaction
particuliere, lors qu'il voit que
celle dont il est l'vnique Chef
est l'vne des plus illustres de
France; qu'elle est encore plus
celebre par la reputation de sa

justice, que par l'étenduë de son
pouuoir ; qu'elle a de l'equité
pour le droict, de l'estime pour
le merite, & de la generosité
pour la foiblesse ; & que s'éle-
uant au dessus de la rigueur plus
estroitte des loix Ciuiles & Ca-
noniques, elle prend pour modelle de ses Arrests cette raison
souueraine, qui est le modelle
de toutes les loix. Ainsi, MES-
SIEVRS, si vous prenez part à
la gloire de Monsieur le Chancelier, il n'en prend pas moins à
vostre reputation. Dans le bon-
heur qu'il a d'estre l'vn des principaux Officiers du plus auguste
Prince, & du premier Royaume
du monde, il ne laisse pas de se
croire aussi heureux que vous
vous tenez honnorez de ce qu'il
est vostre Chef, & il ressent vn
plaisir extreme de voir que cette

Compagnie, qu'il eſt obligé de
cherir particulierement, eſt reuerée de tout le Royaume; que
ce qui doit eſtre l'objet de ſa
bien-veillance, eſt celuy de l'e-
ſtime de tous les ſages; qu'il
peut l'aymer autant comme
Chancelier de France, que comme ſon premier Preſident; &
que quelque grande que puiſſe
eſtre ſon affection vers vous, elle
ne ſçauroit l'eſtre plus que le
meritent vos ſeruices vers ſa Majeſté, voſtre zele vers l'Eſtat, &
voſtre Iuſtice vers les Peuples.

Fin de la ſeconde Harangue.

HARANGVE

PRONONCÉE

EN LA

COVR DES AYDES,

SVR

LA PRESENTATION

des Lettres de Monsieur
SEGVIER, Chancelier
de France.

M. DC. LII.

APRES QVE LECTVRE

a esté faite en la Cour des Aydes le Vendredy 14. Mars 1636. l'Audiance tenant, des Lettres de Prouision de Monsieur SEGVIER en l'Office de Chancelier de France.

ANTOINE LE MAISTRE
A DIT,

MESSIEVRS,

Si ce n'estoit vne coustume inuiolablement obseruée , de presenter les Lettres des Chanceliers de France dans toutes les Cours Souueraines, & d'accompagner d'éloges publics vne élection si importante à vn Prince, si honorable à vn subjet, & si necessaire à tout vn Royaume, Monsieur le Chancelier ne souffriroit pas, que l'on parlast tant de fois de luy & de ses Ancestres, & au lieu d'apprendre leurs vertus de mes paroles, on n'apprendroit que sa moderation de mon silence. Mais nos Peres ont estimé, que ce n'est pas tant la gloire du Chancelier, que celle du Prince & de la France, qu'il soit receu auec applaudissement; que les Roys doiuent faire paroistre leur sagesse dans le choix de leurs Ministres, qui sont les causes secondes de la felicité des Empires, & qu'il est tres-important

de la iuſtifier par le diſcours,
pource que l'eſtime que l'on
conçoit de la prudence du Monarque eſt le plus grand affer-
miſſement des Monarchies, &
l'vn des plus puiſſans liens de
l'obeïſſance des ſubjets. De ſorte que cette loy ſi ancienne fait
aujourd'huy violence à Monſieur le Chancelier. Elle ne
conſidere point la modeſtie particuliere d'vne perſonne toute
publique. Elle deſire que l'on
faſſe reuerer à tout le monde la
dignité du premier des Magiſtrats, & cette Cour le ſouhaite
ſans doute d'autant plus, qu'e-
ſtant vn membre de ce Corps ſi
noble, dont Monſieur le Chancelier eſt le Chef, elle prend
plus de part que les peuples au
choix de ſa Majeſté, & reſpecte
particulierement cette charge

comme la gloire supréme de la
Iustice, & le principal ornement
des Compagnies Souueraines.

Si dans l'art l'excellence des
ouurages se mesure par la dignité de l'ouurier, par la noblesse de
la forme, & par le prix de la
matiere ; aussi dans la Morale &
la Politique les actions sont plus
releuées, à proportion que la
personne qui agit est illustre,
que l'effet qu'elle produit est rare, & que le sujet sur lequel elle
trauaille, est éminent. Ces trois
circonstances composent la perfection des choses humaines. Elles ont esté cause, que les hommes se sont fait des Dieux des
statuës que les hommes auoient
formées. La reputation des scul-
pteurs, la beauté des figures &
l'éclat du marbre ont tiré d'eux
non seulement des respects hu-
mains,

mains, mais vne reuerence reli-
gieuse, & ces trois objets de leur
admiration ont esté assez puis-
sans pour leur faire adorer des
Idoles inanimées, ainsi que de
viuantes Diuinitez.

La rencontre de ces mesmes
circonstances rend l'action qui
se presente, l'vn des plus excellens ouurages dont la Politique
soit capable, puis que c'est le
Roy qui en est l'autheur, que
c'est la charge de Chancelier de
France qu'il donne, & que c'est
Monsieur Seguier qui la reçoit.
Cét incomparable Monarque,
qui regne dans l'esprit de tous
les hommes, ou par l'amour de
sa bonté, ou par l'admiration de
sa justice, ou par la crainte de
sa puissance, & dont les rares
qualitez sont si venerables aux
Souuerains mesmes, qu'ils s'é-

X

loignent de leurs Estats pour venir estre tesmoins de la plus illustre vertu de la terre, pour adorer les graces du Ciel dans le
premier Roy de la Chrestienté,
pour voir cette personne sacrée,
par qui la Prouidence diuine a
fait tant de miracles en si peu de
temps; cette auguste teste, qui
anime les bras de tant d'armées,
& ce visage heroïque, qui inspire autant de generosité à ses
soldats, que de terreur à ses ennemis, ce mesme Monarque,
MESSIEVRS, est la cause de
cét effet, qui sera celebre dans
son regne, & salutaire à son
Royaume.

Monsieur le Chancelier doit
le comble de ses honneurs à celuy, à qui cét Estat doit l'accrois-
sement de sa gloire, l'Eglise Gal-
licane le restablissement de tant

d'Autels, les François la conser-
uation de leur repos, & les Souuerains l'asseurance de leur liberté. Il a receu sa Charge de
ce mesme Prince, qui a fait, aux
yeux de toute l'Europe, vn
chef-d'œuure de prudence, lors
qu'il a choisi pour le principal
instrument de ses memorables
entreprises, ce grand Ministre,
dont les actions ont iustifié ce
qu'Hypocrate dit excellement,
que les Sages Politiques sont les
plus fortes Citadelles des Empires; & ce que le plus diuin des
Philosophes a escrit, que les
Estats ressemblent aux vaisseaux
qui se conseruent dans la tempeste par la côduite des Pilotes.

Que si au rapport de Tertullien, la main de Phidias a esté
autrefois adorée dans ses statuës, celle de LOVIS LE IVSTE

merite bien d'estre aujourd'huy reuerée dans son Chancelier. Quels respects ne deuons-nous point, MESSIEVRS, à cette main glorieuse, qui meut auec tant de sagesse le corps de cette puissante Monarchie, qui a esteint le flambeau des Guerres Ciuiles, qui a releué les Thrônes de ses Alliez, qui a remply la France de trophées, & a quasi esgalé le nombre de ses triomphes à celuy des Empires qui la bornent? Certes nous ne sçaurions trop respecter, en cette importante occasion, les traits augustes dont ce grand Prince a figuré ce pourtrait animé de sa Iustice, & comme l'vn des plus anciens Peres de l'Eglise a dit, que les Chrestiens reueroient d'autant plus l'Empereur, qu'ils reueroient en sa personne la vo-

lonté de Dieu qui difpenfe les
Royaumes,& qui luy auoit donné l'Empire du monde, auffi les
Peuples font obligez de porter
d'autant plus d'honneur à Monfieur le Chancelier, qu'ils doiuent honnorer en luy le jugement d'vn Monarque, qui rehauffe toutes les actions de la
Royauté par la conduitte perpetuelle d'vne fouueraine fageffe, & juftifie encore plus par fon
élection le merite de fes Officiers, que fes Officiers ne jufti-
fient par leur merite l'élection
de leur Prince.

Que fi apres auoir confideré
l'eminence de l'Autheur, nous
voulons jetter les yeux fur la
grandeur de fon action, combien nous doit-elle paroiftre rare, puis que c'eft la principale
dignité de France qu'il a dõnée.

Il suffit de dire, MESSIEVRS,
pour exprimer la splendeur de
cette Charge , que nos Roys
ont r'assemblé la Iustice dans le
Chancelier & dans les Compagnies Souueraines , ainsi que
Dieu r'assembla la lumiere dans
le Soleil & dans les Estoilles. Le
Chancelier seul de tous les Magistrats est l'image du Prince,
comme le Soleil seul entre tous
les Astres est l'image de la Diuinité. Il est vnique en sa charge, de mesme que le Soleil en
son ministere, parce qu'il ne re-
presente qu'vn Monarque, ainsi
que le Soleil vn seul Dieu. Les
Roys reglent vne partie des des-
reglemens de leur Royaume par
le Chancelier, comme Heracli-
te dit, que Dieu égale les iné-
galitez du monde par le Soleil;
Et enfin, MESSIEVRS, ils sont

mis en luy le throsne de leur Iustice, afin de la faire encore plus
reuerer dans leur personne sacrée, en la rendant si venerable
en celle d'vn de leurs subjets,
de mesme que Dieu, selon la
parole saincte, a mis son Tabernacle dans le Soleil, pour faire
admirer dauantage sa grandeur
en elle-mesme, en la rendant si
digne d'admiration en l'vne de
ses Creatures.

Le Chancelier seul de tous les
Magistrats a chez luy les marques de la Majesté Royale, &
les Fleurs de Lys, qui parent les
Cours Souueraines, sont les ornemens de son logis. Lors que
le Conseil du Roy ne s'assembl
point dans le Louure, sa mais
sert de Temple à la plus sou
raine Iustice de France,
tient la place d'vn Autel v

X ij

ainſi que parle Ariſtote, les ſubjets qu'on a offenſez ſe preſen-
tant à luy pour implorer la pro-
tection du Roy, de meſme que
les hommes ſe preſentent aux
Autels pour obtenir le ſecours
de Dieu. Il reçoit les plaintes &
les demandes des grands & des
petits, des Parlemens & des Prouinces; Il prononce au nom du
Roy les derniers jugemens de
l'honneur & des biens des hommes; Il regle les differends des
Compagnies Souueraines par
l'Oracle ſupréme du Prince, &
exerce le pouuoir de Iuge ſur
ceux qui iugent les autres.

C'eſt pour cela qu'il a ce priuilege particulier, qu'on ne fait
point d'information de ſa vie &
de ſes mœurs, & qu'il n'y a que
le Roy ſeul qui iuge de ſa ſageſſe. Les Parlemens ne prennent

point de part á la gloire de ce choix, qui eſt vn Chef d'œuure des mains Royales, & ce premier Officier de la Couronne reçoit immediatemét de ſa Majeſté les plus viues marques de ſa grandeur, comme le premier Ordre des Intelligences reçoit de Dieu ſeul les plus purs rayons de ſa lumiere.

Apres l'éminence de cette charge, qui rend l'action du Roy plus celebre & plus eſclatante, il n'y a rien qui la releue dauantage, que le prix de la matiere ſur laquelle il imprime cette illuſtre forme. Il a trouué Monſieur le Chancelier reueſtu de la meſme pourpre, dont ſes Anceſtres l'ont touſiours eſté depuis vn ſiecle. Il l'a tiré de deſſus les Fleurs de Lys, où ſes Peres ont tenu les places les plus honnorables dans le premier Parlement de France, où ils ont eu vn rang si auantageux parmy les Magistrats Souuerains, qui composent cette multitude de sages, que l'Escriture appelle le bon-heur de la terre, & aydent le Prince à regner selon les loix, ce qui est, dit Aristote, la fin de la Royauté.

Mais le merite des Predecesseurs de Monsieur le Chancelier, a esté encore plus éminent que leurs Charges. Ils ont vsé de l'autorité de Iuge aussi religieusement que le merite vne action, qui est Royale & Diuine tout ensemble. Ils ont, ainsi que Socrate, cherché la Iustice auec autant d'ardeur, que les autres cherchent des thresors. Leur probité leur a rendu impossible dans leur pouuoir tout ce qui n'eſtoit pas legitime. Ils ont plus craint de faire vne injure, que l'on ne craint d'ordinaire d'en receuoir. Ils ne ſe ſont pas contentez de rendre la juſtice aux autres, ils ont encore taſché de la poſſeder dans eux-meſmes. Ils ont voulu que leurs actions particulieres fuſſent auſſi innocentes que les publiques, & que leur exemple condamnaſt les coupables auſſi bien que leurs jugemens.

Le trouble ſi funeſte que les Guerres Ciuilles apporterent dans l'ordre Monarchique de la France, ne pût les détourner du ſeruice de leurs Roys. Ils creurent, qu'ainſi que la mer, quoy qu'inſenſible, vient ado- S. Baſile
rer le doigt de Dieu, qui eſt imprimé ſur le ſable, & qui luy preſcrit de ſe tenir dans ſes

bords, les Peuples doiuent bien pluſtoſt reuerer le meſme doigt de Dieu, qui eſt graué ſur le front du Prince, & qui les obli-ge à vne inuiolable fidelité. Leur courage s'éleua contre l'inſo-lence de ces Rebelles, qui ne vouloiẽt rendre hommage qu'à vn Roy qui leur deuroit ſa Cou-ronne, ainſi que les Idolatres n'adoroient que les ſtatuës qu'ils auoient faites, & leur prudence reconnut, que l'élection des Monarques eſt l'ouurage de ce-luy par lequel ils regnent, & non de ceux qui leur obeïſſent. Le ſeul amour de leur Prince, & le ſeul reſpect de la Royauté leur fit ſuiure le party du Roy, lors qu'il eſtoit le plus foible; & dans cette playe de tenebres, où le Soleil de l'Authorité Souuerai-ne eſtoit quaſi eclypſé par toute la France, de mesme qu'autrefois celuy du monde le fut dans l'Egypte, ils furent du nombre de ceux qui joüissoient de la lumiere, pendant que les autres estoient dans la nuict de la desobeïssance & de la reuolte.

Mais il ne faut pas trouuer estrange, s'ils ont esté si fidelles vers la Majesté Royale, ayans tousiours eu pour objet de l'estre vers la Majesté Diuine. Ils n'ont point eu de plus violens desirs, que de faire que leur ame, qui estoit l'Image de Dieu par la noblesse de sa nature, fust aussi sa ressemblance par la pureté de ses actions. Ils ont pris dans la Morale diuine les regles de leur deuoir, & pour l'exercice de leurs charges, & pour la conduitte de leurs mœurs. Ils n'ont point, selon la Parole

Saincte, regardé le visage du pauure dans les iugemens, & par tout ailleurs ils ont ietté sur luy de fauorables regards. Comme d'vne part leur seuerité les a rendus incapables de cette clemence cruelle, qui a pitié des criminels, qu'elle doit punir, au lieu d'en auoir des innocens qu'elle doit venger, leur pieté d'autre part les a rendus tres-sensibles aux infortunes des affligez, & la constance de leur ame pour la distribution de la Iustice, n'a point affoibly la tendresse de leur cœur pour les actions de misericorde. Ils ont amassé des thresors dans le Ciel, en versant des richesses sur la terre. Leur vie a esté de particuliers tres-moderez, & leurs charitez ont esté de Princes tres-magnifiques. Ils ont laissé des marques

precieuſes à la poſterité des plus
pures lumieres de leurs eſprits,
& du feu le plus ſacré de leurs
cœurs; Et comme les liures, que
les vns ont eſcrits, ſont des enfans ſpirituels, qui dans le monde immortaliſent leurs peres, les
Hoſpitaux que les autres ont   Platon
fondez , ſont des ouurages
ſainćts, qui dans le Ciel eterni-
ſent leurs Autheurs.

Que ſi Ariſtote vouloit autrefois, que l'on donnaſt les honneurs ſuprêmes aux races les
plus vertueuſes, on ne doit pas
s'eſtonner, MESSIEVRS, ſi ſa
Majeſté a voulu, que la famille
des Seguiers fuſt honnorée de la
premiere Charge de ſon Royaume, & ſi elle a crû qu'elle la deuoit mettre entre les mains d'vn
Magiſtrat, qui eſt heritier de la
gloire de tant de grands Perſon-

nages, qui eſt comme né entre
les bras de la Iuſtice, qui a eſté
éleué dans le ſein des loix, qui a
veſcu parmy la ſplendeur des
plus fameux iugemens que les
hommes rendent dans le monde , & a trauaillé toute ſa vie
pour acquerir cet eſprit de Iuſtice, que le Philoſophe appelle
diuin, qui eſt ſeparé du corps, &
éleué au deſſus des paſſions, qui
anime les ordonnances des Legiſlateurs, de ces Genies extraordinaires, dont toutes les penſées n'ont pour objet, que la police des Eſtats , la gloire des
Roys , & la felicité des Peuples.

Les preuues que le public a
deſia receuës de la ſageſſe & de
la probité de Monſieur le Chancelier , aſſeurent aſſez toute la
France des ſeruices qu'elle at-
rend

tend de luy, & ne permettent
pas de craindre, que sa conduite
ne responde à l'éclat de ses Ancestres, à la splendeur de sa charge, & à l'élection de son Prince.
Il se monstrera digne successeur
de tant de grands hommes, que
le Ciel semble n'auoir donnez à
sa race, que pour le bien de leur
patrie. Il ne se contentera pas de
se voir éleué au dessus de leur
fortune, il taschera de s'éleuer
encore au dessus de leur exemple, & de ne laisser pas moins à
sa posterité l'accomplissement
de leur vertu, que celuy de leur
grandeur. Il redoublera sa force
& ses soins, afin d'égaler l'eminence de sa dignité par celle de
ses actions. Il n'aura plus, comme dit Demosthene, les pensées
d'vn particulier, mais il prendra
l'esprit & le courage de la Mo-
Y

narchie. Il trauaillera puiſſamment pour rendre les loix Rey-
nes des hommes, & pour empeſcher, que la corruption du ſiecle, & l'inſolence des particuliers ne rendent les hommes tyrans des loix. Il conſiderera, que
la pureté de la diſcipline eſt vn
miroir où l'on voit la vigilance
d'vn Chancelier, que ſa ſageſſe
ſemble receuoir autant de ta-
ches, que les mœurs de l'Eſtat
ſouffrent de deſordres, & que ſa
charge eſtant le centre, où toute
la puiſſance des Magiſtrats eſt
reünie, il doit preſque autant
trauailler luy ſeul pour le bien
public, que tous les autres enſemble. Il cherira les Compagnies Souueraines, comme celles qui ſont obligées de joindre
leurs veilles auec ſes trauaux,
pour faire fleurir le Regne de

la Iuftice dans cet Eftat, Et puis
que le feruice de fon Maiftre eft
la regle de fes affections, il hon-
norera de fa bienueillance cette
Cour, qui fert le Roy fi vtile-
ment dans le foin qu'elle a des
Aydes, de ces mines d'or de fa
Majefté, de cette premiere caufe de la fubfiftance de fes Armées, de ces premiers inftru-
mens de fes Victoires & de fes
Triomphes, & qui procurant
auffi bien le foulagement des
Peuples, que l'abondance des
Threfors du Prince, luy confer-
ue le tribut de leurs biens & de
leurs fortunes, fans qu'il perde
celuy de leurs cœurs & de leurs
affections. Enfin, MESSIEVRS,
Monfieur le Chancelier s'efforcera de fatisfaire à l'opinion fi
aduantageufe que le Roy a con-
ceüe de fon merite, de confer-

uer religieusement le depost sacré de la Iustice qu'il a mis entre
ses mains, de l'acquitter vers
Dieu, & vers ses subjets, de l'v-
ne des principales obligations
de sa Couronne, & de luy ayder
à soustenir la dignité de ce titre
glorieux, que la voix de ses Peuples luy a donné, & que le té-
moignage de tant de Nations
estrangeres luy confirme.

Fin de la troisiesme & derniere
Harangue.

CINQVIESME PLAIDOYER.

Prononcé au Parlement.

**ESSIEVRS,**

Il eſt bien difficile de reconnoiſtre en cette cauſe ſi l'appellant eſt plus criminel que l'intimée mal-heureuſe; car, MES-
SIEVRS, ſi l'appellant a commis vn crime execrable deuant
Dieu & deuant les hommes, ma
partie n'a point eſté moins mal-

heureuse dans son innocente simplicité. Vous voyez aujourd'huy l'appellant, qui adjoustant le crime de perfidie à celuy de son incontinence, veut maintenant couronner l'vn & l'autre par les calomnieuses diffamations qu'il fait à present de ma partie. Laquelle, MESSIEVRS, eut ce premier mal-heur de posseder cét aduantage de la nature, cette felicité du corps & ce rayon de la diuine beauté, ce ne luy eut esté qu'vn desauantage fort petit & vne disgrace bien mediocre, si l'appellant n'en fut point deuenu amoureux, puisque de soy la beauté est innocente; mais dés lors que l'appellant eut jetté les yeux sur elle, il engagea son cœur & perdit tout à l'heure la liberté de son esprit sous l'esclauage de sa passion. Il

ne fut pas long temps, Messievrs, sans luy declarer ses
affections auec tous les artifices
& les persuasions d'vn amoureux ; lequel , comme dit Platon, deuient aisément éloquent;
Il prie , il se met à genoux , il
adore , dit-il , le sujet pour lequel il se passionne. Bref, Messievrs , il suffit de dire qu'il
estoit amoureux pour vous faire
connoistre qu'il estoit Orateur.
Il ne viuoit, disoit-il , que pour
elle ; il estimoit la moindre de
ses faueurs vne des plus cheres
de celles que la fortune estoit
capable de luy faire naistre, tout
luy deuenoit indifferent : Dans
la possession du bon-heur de sa
veuë, le mal-heur de la destinée
vouloit-il le priuer vne journée
de sa presence, il accusoit le Soleil d'estre trop long en sa cour-
Y iiij

se, & ne se contenta pas d'offrir
son seruice à l'intimée auec des
paroles simplement amoureu-
ses : Il luy confirmoit encores
l'esperance qu'il luy donnoit, de
ne l'abandonner iamais par mille sermens execrables. Quelle
chasteté, MESSIEVRS, l'a
plus inuiolable n'eust esté ébrā-
lée par l'appas de tant de promesses & la foy de tant de paroles: Que dis-je, MESSIEVRS,
paroles, mais sermens, dont le
nombre, aussi bien que la qualité, estoient capables d'abuser
les plus prudentes de celles qui
sont resoluës à l'accomplissemét
d'vn legitime mariage. Ie demeure d'accord, MESSIEVRS,
qu'il n'y a point eu de promesses
de mariage par escrit, mais simplement verbales : Mais pour
cela elles n'en sont pas moins

valides. Senecque dit, qu'il est
honteux de se fier au cachet
d'vn homme plustost qu'à sa parole, & qu'il vaut mieux estre
trompé de quelqu'vns, qu'ap-
prehendez indifferemment de
tous. Que pouuoit faire ma partie parmy les trompeuses appa-
rances d'vne si inconstante affection, asseurée par tant de paroles, autorisée par tant de témoi-
gnages & de demonstratiõs ex-
terieures, & finalement confirmez par tant de sermens execrables, sa chasteté assiegée de la
sorte ne luy permettoit pas ce
semble de refuser auec mespris
les preuues de tant de bien-veillance, sous la fauorable attente
d'vne benediction nuptiale;mais
d'autant, MESSIEVRS, que
l'on vous a déguisé le faict, ie
suis obligé d'en reprendre quel-

ques circonstances, que j'estime estre importantes à la decision de la cause, & puis ie n'auray plus qu'à respondre en peu
de paroles aux objections que
l'on m'a fait, & que ie vous fe-
ray voir estre ridicules. L'on
vous a voulu faire croire que
c'est ma partie qui a débauché
l'appellant : Ce qui a aussi peu
d'apparance que de verité, &
premierement, MESSIEVRS,
j'ay à vous establir la creance ordinaire par les conjectures dont
on peut soupçõner la seduction,
& de quel costé elle est presu-
mée. Il est difficile, MESSIEVRS,
de se persuader qu'vne fille vou-
lust suborner vn garçon, & ce
sexe qui a la foiblesse pour com-
pagne, & la pudeur pour appa-
nage, possede deux qualitez re-
pugnantes à l'execution d'vn

rapt & à l'entreprise d'vne violence, de dire aussi que c'est ma
partie qui a seduit l'appellant
auec des paroles & des attraits:
C'est encores, MESSIEVRS,
ce que vous ne presumerez iamais: la modestie a trop d'autorité sur les filles, pour ne les empescher point de solliciter les
hommes: Les exemples de leur
pudicité sont assez vulgaires, &
les preuues de leurs sagesses assez frequentes pour faire connoistre leur retenuë, & d'ailleurs
les marques de leur prostitution
voloataire sont trop rares, & les
tesmoignages de leurs rapts trop
extraordinaires, pour faire connoistre qu'vne fille débauche vn
garçon qui n'en auroit pas la volonté, & si l'on voit quelquefois
des filles infames, l'on croit toûjours que leur mauuaise vie n'est

pas commencée par elles, mais qu'elles ont esté seduites par ceux qui ne sõt pas de leur sexe, tant il est veritable, MESSIEVRS, que iamais vne fille ne se porte à débaucher vn garçon , mais qu'au contraire la corruption est toûjours faite ou reputée faite par le garçon, qui dans le libertinage de ses actions se porte auec plus d'audace & de temerité à importuner la constante chasteté d'vne fille, & luy desrober par seduction le plus riche de ses tresors, & le plus precieux ornement de sa vie: De sorte que quand les filles font quelquefois faux bond à leur honneur, c'est par l'importunité & la seduction de ceux qui les corrompent, & non pas qu'elles se portent d'elles-mesmes à le vouloir commettre. Nous auons encore

dans nos liures l'exemple d'vne
bien memorable hiſtoire, en laquelle nous auons veu des filles,
qui joignans la gloire d'vne con-
ſtante reſolution à leurs tendres
années, leur ſainĉte reſiſtance
aux efforts de la corruption, ont
fait voir qu'elles preferoient la
qualité de martyr de leur honneur aux trompeurs appas de la
volupté, & qu'elles ont mieux
aymé conſeruer leur reputation
apres leur mort, par la victorieuſe marque d'vne honnorable perſecution, que profaner
l'ineſtimable prix de leur pudicité, par les deſordres d'vne
mauuaiſe conduite, afin que des
deux faueurs, les plus ſignalées
qu'elles tenoient de Dieu en ce
monde, elles choiſiſſent la con-
ſeruation de la plus chere, ne-
gligeant celle de la moindre:

Mais il s'en est veu, qui ont mieux aymé se priuer de la lumiere du iour par vne magnanime & volontaire défaite d'eux-mesmes, que de voir éclypser leur honneur & suruiure à la perte de leur pudicité, & trempans leurs mains dans leur propre sang, ont fait voir que les apprehensions de la mort auoiét aussi peu de pouuoir sur leur escrit pour ébranler leur chasteté, que toutes les trompeuses finesses qu'on leur auoit faite pour les surprendre: Ce sont-là, MESSIEVRS, les veritables marques & les tesmoignages certains de la continence des filles : Voila ce qui iustifie plainement leur innocence & la modestie de leur sexe. Croira-t'on, MESSIEVRS, à present, que ma partie ayt impudemment débauché l'appel-

fant apres les preuues de tant de
genereux courages: Croira t'on,
MESSIEVRS, la feduction du
cofté d'vne fille, imputera-t'on
vne fi mauuaife action à celles
de fon fexe, apres auoir veu les
preuues d'vne telle conftance ?
Dira-t'on qu'il faille prefumer
d'orefnauant du cofté d'vne fille
la fubornation d'vn jeune homme, puifque nous auons veu des
filles, qui non feulement ne fe
font pas laiffé aller aux amorces
du vice & de la volupté, puis
qu'elle leur a efté en moindre
confideration que les fupplices
& les tourmens, mais encores
qui ont fignalé leur honnorable
mort par leur virginité, puis
qu'elles plongeoient genereufe-
ment le fer dans leur fein : Mais
MESSIEVRS, outre que la
prefomption ne peut pas eftre

defauantageufe de mon cofté,
c'eft que je fouftiens que par les
informations qui font entre les
mains de Monfieur l'Aduocat,
il eft iuftifié que l'appellant a
débauché l'intimée, laquelle il
veut maintenant iniuftement
abandonner, comme fi, MES-
SIEVRS, il luy eftoit loifible
de violer la chafteté fous des
promeffes de mariage, pour ne
les vouloir par apres executer:
Seroit-il raifonnable, MES-
SIEVRS, que l'appellant triomphe aujourd'huy de la pudicité
d'vne fille & de la rigueur des
loix, qui l'obligent d'executer
les promeffes de mariage : L'on
vous a dit, MESSSIEVRS, pour
empefcher le mariage, qu'il y
auoit de la difproportion entre
la naiffance de l'appellant &
celle de l'intimée, laquelle n'eft
pourtant

pourtant pas si grande que l'on
vous l'a voulu figurer; L'appellant est fils d'vn Orphevre , &
l'intimée fille d'vn Cordonnier:
Il n'y a point de sujet de s'éton-
ner si fort de faire croire qu'il y
a tant de difference & de dis-
proportion entre leurs extra-
ctions , parce qu'ils sont tous-
jours Artisans ; tant y a qu'il
n'est pas raisonnable d'abuser &
souffrir de seduire ainsi les filles
pour dire qu'on en doit estre ex-
cusé, à cause d'vne qualité plus
releuée des rauisseurs , que delà
rauie. Ce seroit, MESSIEVRS,
autoriser le rapt & en permettre
la violence , que de n'en point
punir l'attentat & l'execution,
sous pretexte d'vne grandeur
imaginaire. La Loy ne considere
pas la qualité de ceux qui font
du mal pour des moyens valla-

bles & des excuses legitimes qui
les dispensent de la peine qu'ils
meritent ; d'ailleurs l'on s'est
voulu seruir d'vn autre pretexte
& dire que le mariage n'est pas
raisonnable à cause que l'appellant à plus de biens que l'intimée ; j'en demeure d'accord, il
se peut faire que le pere de l'appellant à plus de bien que celuy
de l'intimée , peut-estre pour
auoir esté plus prudent en ses
affaires , peut-estre pour auoir
esté plus auaricieux , peut-estre
aussi pour auoir esté plus rusé
trompeur, cela n'empesche pas
l'accomplissement du mariage ,
pour ce qu'il en a baillé des promesses ; il pouuoit sçauoir quel
estoit l'estat de ma partie, il s'en
deuoit informer, tant y a que le
mariage est vne conjonction non
de biens, mais de corps, la qua-

lité ou mediocrité des facultez
ne contribuë rien à l'essence du
mariage. Vous voyez, Mes-
sievrs, que ce sont toutes
illusions de iustice sous pretexte
recherchée pour se dégager de
la foy, au prejudice de l'honneur
de ma partie & pour l'abandonner, apres auoir tiré d'elle ce que
iamais elle ne luy eut accordé si
elle n'eust eu des promesses de
mariage , & maintenant il la
veut diffamer en cette Audiance
à cause qu'il l'a' subornée, il accuse les mœurs qu'il a corrompu
& blasme celle qui seroit encore
chaste & vierge s'il ne l'eut iamais peu approcher. Est-il raisonnable, Messievrs, de
souffrir l'attentat d'vn tel crime
& de n'en point ordonner la reparation ? faut-il maintenant
qu'il ny ayt qu'à desbaucher &

corrompre des filles par des promesses qu'on n'execute pas , &
qu'il y ayt des spoliateurs de virginité & d'honneur aussi bien
que des larrons ? punira-t'on
l'vn , & souffrira-t'on l'autre?
authorisera-t'on les plus grands
crimes en ne chastiant que les
moindres. Iugez, MESSIEVRS,
le notable interest & la tres importante suitte de cette cause,
en laquelle ie vous supplie,
MESSIEVRS , de considerer
l'estat d'vne famille toute entiere deshonnorée en la personne
de ma partie sans la reparation
de son honneur, par vn iuste &
legitime mariage. Iugez les res-
sentimens que peuuent & doiuent auoir tous ses parens, il est
bien dur à vn pere de voir les
funerailles de sa fille , mais il est
encore plus sensibles de voir les

funerailles de son honneur. Ioi-
gnez, MESSIEVRS, à toutes
ces considerations, celle de la
consequence du public, laquelle il est necessaire que vous pe-
siez exactement auec toutes les
particularitez de la fraude de
nostre partie aduerse, duquel
j'obmetois à vous dire, qu'ayant
engrossie l'intimée, il luy voulut donner d'vne eau verte, que
ma partie ne voulut point prendre, dont il y a preuue dans les
informations qui sont entre les
mains de Messieurs les Gens du
Roy, afin d'empescher que ma
partie n'acouchast de son fruict.
Comme doutez-vous qu'il ayt
tant fait de suppositions à la Iustice, luy qui a voulu forcer la
nature, qui a voulu faire mourir son enfant auant que de l'a-
uoir fait naistre, & le priuer de

la lumiere du iour auant que de
l'auoir veu , du sein de sa mere
en faire son sepulchre, & de son
ventre en faire son tombeau,
l'estouffer auant sa naissance, de
peur que venant au monde , il
ne portast les marques du crime
de son pere, & ne fut vn témoi-
gnage viuant , & vne preuue
continuelle de son incontinence. Aristote dans sa Morale, dit
qu'vn fils qui auoit battu son
pere, ayant esté amené deuant
le Iuge, comme on luy eut demandé pourquoy il auoit ainsi
mal traité son pere, il n'en sceut
iamais rendre autre raison, sinon
parce, dit il, que son pere auoit
battu son pere-grand, son pere-
grand auoit batu son ayeul, mais
aussi qu'il preuoyoit qu'il auroit
quelques iours des enfans , &
qu'il seroit battu par eux. Ainsi

dit Ariſtote, il y a des vices he-
reditaires, comme l'exemple de
cette cauſe le fait voir, pource
que l'appellant meſme a dit que
ſon pere auoit débauché ſa mere auant que l'eſpouſer, & qu'il
auoit tiré d'elle vne faueur anti-
cipée du mariage. Ainſi, MES-
SIEVRS, il s'eſt rendu imitateur
de la faute de ſon pere, qui a
eſté tranſmiſe en ſa perſonne :
Mais, MESSIEVRS, pource
qu'il a imité ſon pere en ſa faute,
il faut qu'il l'imite par ſa reparation; & qu'ainſi par vne iuſte alliance, il efface les marques de
ſon libertinage, & les veſtiges
du des-honneur de ma partie.
C'eſt pourquoy ie conclud.

*Fin du cinquieſme & dernier
Plaidoyer.*

LETTRE
DE MONSIEVR
le Maiſtre à Monſieur
le Chancelier, ſur ſa
retraite.

ONSEIGNEVR,

Dieu m'ayant touché depuis
quelques mois, & fait reſoudre
de changer de vie, j'ay creu que
ie manquerois au reſpect que ie
vous dois, & que ie ſerois coupable d'ingratitude, ſi apres

auoir receu de vous tant de faueurs extraordinaires, j'execu-
tois vne resolution de telle im-
portance, sans vous rendre compte de mon changement. Ie
quitte, MONSEIGNEVR,
non seulement ma profession,
que vous m'auez renduë honnorable & tres-auantageuse, mais
tout ce que j'en pourrois esperer
dans le monde ; d'où ie me retire dans vne solitude, pour faire
penitence & seruir Dieu le reste
de mes jours, apres auoir employé dix ans à seruir les hommes. Ie ne croyois pas, MON-
SEIGNEVR, estre obligé de
me iustifier de cette action, puis
qu'elle est bonne en soy & necessaire à vn pecheur tel que ie
suis : Mais ie pense qu'afin de
vous esclaircir entierement sur
tous les bruits qui pourroient

courir de moy, je dois vous des-
couurir mes plus sainctes intentions; Ie vous dis que ie renonce absolument aux charges Ec-
clesiastiques & Ciuiles, que ie
ne veux point changer d'ambition, mais n'en auoir point du
tout; que ie suis encore plus
esloigné de prendre les Ordres
de Prestrise & de receuoir des
Benefices, que de reprendre la
condition que ie quitte, & que
ie me tiendrois indigne de la
misericorde de Dieu, si apres
tant d'infidelitez que j'ay com-
mises contre luy, j'imitois vn
sujet rebel, qui au lieu de flechir
son Prince par ses soubmissions
& ses larmes, seroit assez pre-
somptueux pour vouloir s'esleuer luy-mesme aux premieres
charges de son Royaume. Ie sçay
bien, MONSEIGNEVR, que

dans le cours du siecle où nous
sommes, on me croit faire faueur que de m'accuser seulemēt
d'estre scrupuleux; mais j'espere
que ce qui paroistra folie deuant les hommes ne le sera pas
deuant Dieu, & que ce me sera
vne consolation à l'heure de ma
mort, d'auoir suiuy les Loix les
plus pures de l'Eglise, & la pra-
tique de tant de siecles. Que si
cette pensée me vient, de ce que
j'ay moins de lumieres, ou plus
de temerité que les autres, j'ayme mieux cette ignorance res-
pectueuse & craintiue, qui a esté
embrassée des plus grands hommes du Christianisme, qu'vne
science plus hardie qui me seroit
plus perilleuse. Quoy qu'il en
soit, MONSEIGNEVR, ie ne
demande à Dieu autre grace,
que de mourir en sa grace, &

n'auoir plus de commerce, ny
de bouche, ny par eſcrit auec le
monde qui m'a penſé perdre, &
de paſſer ma vie dans ma ſolitu-
de, comme ſi j'eſtois dans vn
Monaſtere. Voila, MONSEI-
GNEVR, vne declaration toute
entiere de mes ſentimens, les
obligations que ie vous ay ne me
permettent pas d'en faire vne
moins expreſſe & moins fidelle.
C'eſt,

MONSEIGNEVR,

Voſtre.

Le 16. Decembre 1638.

LETTRE

DE MONSIEVR
le Maiſtre à ſon pere, ſur ſa retraite.

M ONSIEVR,

Dieu s'eſtant ſeruy de vous pour me mettre au monde , & m'ayant obligé de vous rendre le reſpect qu'on doit à vn pere, ie violerois l'ordre de ſa Proui- dence & les deuoirs de la natu- re, ſi ie ne vous faiſois ſçauoir

la resolution qu'il m'a fait prendre par sa bonté infinie, & que
ie n'ay executé que depuis quatre heures seulement. Il y a plus
de trois ans que j'auois dessein
de quitter ma profession , pour
me retirer dans vne solitude, &
y passer le reste de mes iours à
seruir à Dieu : Mais mes amis
m'ayans empesché de me declarer dés lors pour éprouuer si c'e-
stoit vn mouuement du Ciel ou
de la Terre, qui me portoit à ce
changement. Ils ont reconnu
enfin auec moy , que le temps
affermissant cette pensée dans
mon cœur au lieu de la destruire , me venoit de celuy qui seul
est maistre de nos volontez , &
qui les change quand bon luy
semble. Ie quitte le monde
pource qu'il le veut , comme
vous-mesme le quitteriez & vo-

ſtre religion encore s'il le vouloit, & ſans que j'ayé eu des vi-
ſions extraordinaires, ie ſuy ſeulement la voye qui m'appelle
dans l'Euangile à faire penitence de mes pechez ; Car ie vous
declare comme à mon pere, que
ie ne quitte point le Palais pour
me mettre dans l'Egliſe, & m'é-
leuer aux charges que la vertu
& l'éloquence ont acquiſes à
tant de perſonnes : Ie n'entre
point auſſi dans vn Monaſtere,
Dieu ne m'en ayant pas inſpiré
la volonté, mais ie me retire
dans vne maiſon particuliere,
pour y viure ſans ambition, &
taſcher de flechir par des actions
de penitence, le Dieu & le Iuge deuant qui tous les hommes
doiuent comparoiſtre. Ce deſſein vous eſtonnera ſans doute,
& ie ne le trouueray nullement

estrange : Il y a six mois que j'e-
stois aussi peu disposé à le prendre , que vous l'estes aujour-
d'huy , & sans que nul homme
de la terre m'en ait parlé , sans
qu'aucun de mes amis s'en ayt
peu douter auant que ie luy aye
dit : Ie me suis aussi persuadé
par moy-mesme, ou pour mieux
dire, par les sentimens que Dieu
qui parle aux cœurs , & non pas
aux oreilles des hommes, a mis
en moy. Si l'exemple d'vn fils
aisné qui quitte le monde, n'ayāt
que trente ans lors qu'il viuoit
auec plus d'esclat dans vne profession honnorable , lors qu'il
auoit diuerses esperances d'vne
fortune tres-auantageuse , lors
qu'il estoit honnoré dans vne
amitié particuliere de quelques
grands du Royaume. Si , dis je,
cette exemple vous pouuoit
toucher,

toucher, j'en aurois vne bien
plus grande joye que celle que
vous euftes lors que ie nafquis;
mais c'eft à Dieu à fairé ces fortes de miracles, mes paroles n'y
pouuant rien , & vous fçauez
d'ailleurs que ie n'ay iamais fait
le predicateur auec vous : Ie
vous diray feulement ce que
vous fçauez fans doute mieux
que moy , que ce n'eft pas foibleffe d'efprit d'embraffer la
vertu Chreftien ne , puis qu'vne
perfonne qui n'a point iufques à
prefent pafsé pour foible ny
pour fcrupuleux, & qui eft encore le mefme qu'il eftoit lors
qu'il a eu l'honneur de vous
voir la derniere fois, fe refout à
changer fes belles qualitez d'O-
rateur & de Confeiller d'Eftat,

A a

en celle de simple seruiteur de
Iesus-Christ. C'est,

MONSIEVR,

Le 16. Decembre 1638.

TABLE

Des Plaidoyers, Harangues &
Lettres contenuës en ce pré-
sent Liure.

F I N.

Priuilege du Roy.

LOVIS par la grace de Dieu, Roy de France & de Nauarre: Au Preuost de Paris, où son Lieutenant Ciuil audit lieu, Baillifs, Seneschaux, & autres nos Officiers qu'il appartiendra, Salut. Nostre bien amé MICHEL BOBIN, Marchand Libraire de nostre ville de Paris, Nous a fait remontrer, qu'il luy est tombé entre les mains vn Recueil de diuers Plaidoyers & Harangues, faites par nostre bien-amé Maistre Antoine le Maistre, ensemble deux Lettres sur sa retraite, qu'il donneroit volontiers au public, & les feroit imprimer à ses frais, s'il nous plaisoit luy en accorder la permission, & sur ce nos Lettres necessaires. A CES CAVSES, Voulant fauorablement traiter ledit Exposant, & luy faciliter le moyen de donner ces pieces recommandables au public, Nous luy

auons permis & octroyé ; permet-
tons & octroyons par ces Prefentes,
le pouuoir d'imprimer ou faire imprimer, vendre & diftribuer lefdits
Plaidoyers & Harangues dudit fieur
le Maiftre, & ce pendant le temps de
fix ans , à commencer du iour que
ledit Liure fera acheué d'imprimer,
durant lequel temps , Nous faifons
tres expreffes deffenfes à tous Li-
braires, Imprimeurs,ou autres,d'imprimer ou faire imprimer ledit Liure
directement ny indirectement , fous
pretexte de changement, de tiltres,
de caractere, ou autrement, en quelque forte & maniere que ce foit , fans
la permiffion expreffe dudit Expo-
fant , ou de ceux qui auront pouuoir
de luy, à peine de confifcation def-
dits Liures, & de ceux qui fe trouueront auoir efté contrefaits , de
quinze cens liures d'amande, & de
tous defpens , dommages & interefts , à la charge que dudit Liure il
en fera mis deux Exemplaires en noftre Bibliotheque publique , & vn en

celle de noſtre tres cher & feal le
Sieur Molé , Cheualier , premier
Preſident en noſtre Parlement de
Paris, Garde des Sceaux de France,
auant les expoſer en vente, à peine
de demeurer décheu de la preſente
Permiſſion. Si vous mandons, & à
chacun de vous , ainſi qu'il appartiendra : Ordonnons par ces Preſentes, que du contenu en icelles, vous
ayez à faire jouyr ledit Expoſant,
plainement & paiſiblement , ſans
ſouffrir qu'il luy ſoit fait , mis, ny
donné aucun trouble au contraire.
Voulons en outre, que mettant au
deuant ou à la fin dudit Liure vn Extraict de la preſente Permiſſion, elle
ſoit tenuë pour ſignifiée & notifiée
Commandons au premier noſtre
Huiſſier , ou Sergent ſur ce requis,
faire pour l'execution des Preſentes,
toutes ſignifications , commandemens, ſaiſies, & autres actes neceſſaires, ſans pour ce demander autre
Permiſſion: Car tel eſt noſtre plaiſir.
Donné à Pontoiſe , le ſeptieſme

iour d'Octobre, l'An de Grace mil
six cens cinquante deux. Et de nostre
Regne le dixiesme. Par le Roy en
son Conseil, VABOIS.

Acheué d'imprimer pour la premiere fois, le 10. Nouembre 1652.

Les Exemplaires ont esté fournis.

Fautes suruenuës en l'Impression.

Page 12. ligne 19. il, lisez ie. p. 13 l. 5. *vinclo,*
lis. *vinclo.* p. 21. l. 22. ostez sous. p. 44. l. 10.
naissoit, lis. n'estoit. p. 127 l. 2. fussent, lis.
eussent, p. 163. l. 9 ses deffenses, l. leurs deffenses, p 176. l. 15. te, lis le. p. 176. l. 18.
Hercule, l. Hecube. p. 183 l 1. *vageat,* l. *vagiat.*
p. 133. l. 2. *omnes,* l. *non.* p. 198. dein l. *indæos,*
l. *indæos.* p. 201. l. 18. *pacendum,* l. *parcendum.*
p 204 l. 2. Gymnosophiste, l. Gymnosophisie.
p 346. l. 19. descrit, l. esprit. p. 353. l. 6.
adioustez &, apres fort.

FIN.